唐宋八大家故事集

文章巨公
韩愈

▶ 主编：东方慧子

▶ 参编：徐　敏　乔柏梁　司俊平
杨雪姣　唐卓琦　侯懿净

浓缩八大家风雨人生

风雅与深情　旷达与忧伤

天下雄文　品鉴不朽华篇

青少年心灵成长阅读精品

WUHAN UNIVERSITY PRESS
武汉大学出版社

图书在版编目(CIP)数据

文章巨公韩愈/东方慧子主编．—武汉：武汉大学出版社，2015.7(2020.5 重印)
唐宋八大家故事集
ISBN 978-7-307-16295-2

Ⅰ．文…　Ⅱ．东…　Ⅲ．韩愈(768～824)—生平事迹
Ⅳ．K825.6

中国版本图书馆 CIP 数据核字(2015)第 148282 号

责任编辑：聂勇军　　责任校对：李孟潇　　版式设计：马　佳

出版发行：**武汉大学出版社**　(430072　武昌　珞珈山)
(电子邮箱：wdp4@whu.edu.cn　网址：www.wdp.com.cn)
印刷：湖北省荆州市今印印务有限公司
开本：720×1000　1/16　印张：8.75　字数：95 千字
版次：2015 年 7 月第 1 版　　2020 年 5 月第 6 次印刷
ISBN 978-7-307-16295-2　　定价：20.00 元

韩愈（768—824）

韩愈，字退之，世称韩昌黎，河阳（今河南省孟州市）人。唐代杰出的文学家、思想家，古文运动领袖，在中国散文发展史上地位崇高。宋代苏轼称他为“文起八代之衰”，明人推他为“唐宋八大家”之首，有“文章巨公”和“百代文宗”之名。

著有《韩昌黎集》四十卷，《外集》十卷等。他提出的“文道合一”、“气盛言宜”、“务去陈言”、“文从字顺”等散文的写作理论，对后人很有指导意义。

前　言

“唐宋八大家”是唐宋时期八大散文作家的合称，指的是唐代的韩愈、柳宗元和宋代的欧阳修、苏洵、苏轼、苏辙、王安石、曾巩八位文学巨擘。在明初，朱右最初把这八个作家的文章编选在了一本书中刊行，名为《八先生文集》，后来，唐顺之在《文编》一书中也选用了这八个人的文章。之后明朝古文家茅坤对前人的文章进行了整理和编选，最后取名为《唐宋八大家文钞》，共一百六十卷，“唐宋八大家”从此得名。

“唐宋八大家”闻名于世，他们的一生充满了传奇色彩。韩愈和柳宗元有着特殊的地位，他们是古文运动的倡导者，在中国文学史上有着非常巨大的贡献。欧阳修是一个文学奇才，他的创作非常丰富，是宋朝第一个在散文、诗、词各方面都有很高成就的作家。苏洵抱济世之学，他在政绩上没有什么辉煌的成就，为文却耀眼夺目，其文不屑蹈袭前人的旧踪，能够据前人皆知的史实，挖掘出新颖独到的见解。

苏东坡是中国文学艺术史上罕见的全才，也是中国数千年历史上被公认为文学艺术造诣最杰出的大家之一，但他仕途失意，屡遭贬谪，一生坎坷。

苏辙与其父、兄合称“三苏”，他创作出了数量可观的政论和史论。虽然他的才气不如其兄苏轼，但他的文章于冲和淡泊中蕴蓄着沉雄雅健之势，也有着很高的艺术造诣。

王安石一生脚踏实地，做过很多小官，如知县、通判、太守等，后来当了宰相。他是一个有勇气、有担当的男人，敢于打破陈规陋习。王安石变法对后世的影响非常深远，但是，也有人评价其变法是一场社会灾难。是非功过，千秋之后犹难论定。

曾巩“家世为儒”，幼时读诗书，脱口能吟诵。当官后，为政廉洁奉公，勤于政事，关心民生疾苦。综观曾巩一生，历任州郡官吏十几年，在京师做官的时间不多，整理古籍、编校史书，也很有成就。

他们的人生多难，政途不如意，但在文学方面却有着不可多得的才华。他们的文章不仅仅在唐宋时期非常有名，即便在今天看来，也有非常高的造诣，对当今社会的文学发展有着深远的影响。比如：韩愈的文章构思精巧，气盛言宜；柳宗元的文章说理深邃，牢笼百态；欧阳修的文章唱叹多情，从容不迫；苏洵的文章纵横雄奇，一波三折；曾巩的文章淳朴平实，深切往复；王安石的文章锋利雄奇，绝少枝叶；苏轼的文章行云流水，随物赋形；苏辙的文章委曲明畅，尤长策论。他们的文学成就反映了唐宋时期的文化，也为今天的青少年学习中国古代传统文化提供了宝贵的借鉴。

在编写本书的过程中，我们期望能使多数读者朋友不至于同阅读史料一样，感到枯燥乏味，而是从围绕史实故事、趣闻以及议论中轻松地了解到“唐宋八大家”的生平阅历、艺术成就。

本套书选取八位大家一生中的典型事件，向读者介绍他们的生平事迹、人际交往、人品性情、处世之道、道德文章，以及生活中的趣闻轶事。读者朋友特别是青少年朋友在阅读中既可获得文史知识，又能受到人生启迪。

本套书在编写过程中虽然倾尽全力，但由于编者水平所限，难免会出现疏漏或错讹之处，恳请读者批评指正。本套书在编写过程中也参考了前人撰写的相关资料，对他们的辛苦付出也表示衷心的感谢！

编　者

2015 年 6 月

目　录

目　录

第一章 坎坷童年

韩愈生于唐代宗大历三年（768 年），他与柳宗元一起倡导“中唐古文运动”，成为中国文学史上的一代宗师。

韩愈虽然出身于一个官宦之家，但是家道已经中落，他在小时候饱受生活的磨难。

当时，韩愈的父亲韩仲卿在朝廷任秘书郎，韩仲卿有四个儿子，大儿子韩会在江淮一带游学，二儿子韩介在外地读书，三儿子更是命途多舛，在韩愈出生之前就已经死了。这个时候的韩仲卿已经到了晚年，但身边只有一个尚在襁褓之中的小儿子韩愈。

韩愈是一个早慧的孩子，小的时候天真活泼，刚过一岁便会说话了，孩子的聪明可爱，让已经步入晚年的韩仲卿着实喜爱。他每天从秘书省回来，就逗着小韩愈玩耍，有时候还吟诵着他的好友李白的诗句，聪明伶俐的小韩愈也学着父亲的样子吟诵起来。

韩仲卿对儿子说：“孩子，李白与为父乃莫逆之交，他满腹经纶，见多识广，可惜这个时代容不下他这个谪仙，但他的才华和抱负独步古今，你长大了，就学李白那样做一个大诗人吧!”

当时韩愈年龄尚幼，对父亲的话不能完全听懂，但父亲说完，他就不停地点头。这一幕，把家里的老老少少都逗得哈哈大笑。

看着心爱的儿子越长越可爱，韩仲卿打心眼里高兴。时光如流水般逝去，转眼间韩愈已经三岁了。这个时候，韩仲卿由于日夜操劳，竟然得了一种怪病，大历五年（770年）正月刚过不久，他的两条腿开始变得酸沉麻木，半个月后，竟然不能下床走路了。

这可急坏了韩家人，他们多方打听，遍访名医，但韩仲卿的病情始终不见好转。于是，在万般无奈之下，韩仲卿只好上表恳请皇上恩准他告老还乡。

或许是韩仲卿感觉到自己时日无多，他就派仆人赶紧去找远在江淮一带游学的大儿子韩会，以及二儿子韩介，让他们快快回到家乡与自己团聚。

韩愈的母亲眼看着丈夫病情越来越重，心里悲痛万分，原本光滑的额头上突然多了很多皱纹，头上更是增添了许多白发。她想，儿子韩愈刚满三岁，万一丈夫有个三长两短，这母子几人如何生活啊?

韩愈的乳娘李正真也替他们母子发愁，可是她又能做什么呢?只能每天说一些安慰的话罢了。这个时候，刚刚满三岁的小韩愈仿佛已经感觉到了家中情况的异样，所以，就连幼小的孩童也没有了往日的欢乐，整天愁眉不展地站在父亲的床前。

有一天，韩愈依偎在父亲的身边，希望父亲再给自己读一遍李白的《静夜思》。韩仲卿看看心爱的儿子，不禁悲从中来，他用颤抖的手抚摸着儿子的头，苦笑着说:“孩子，爹爹累了，也许再过一些日子，爹爹就要去见我的老朋友李白了。”

韩愈睁大了眼睛问：“爹爹，大诗人李白现在在哪里？你快告诉我啊！”

韩仲卿的眼角闪着泪花，他说：“谪仙李白啊，这会儿也许正在天上云游呢，李白这个人本来就不应该是我们这个世界里的人。”

韩愈听了父亲的话，大声说道：“难道爹爹也要到天上去云游吗？那请爹爹带着孩儿一起去云游！”韩愈还以为父亲要去一个山清水秀的美丽地方去隐居。韩愈幼稚的话语让父亲心痛如割，他不知道应该如何跟小儿子解释死亡是怎么回事，不知不觉间，两行老泪落在儿子的脸上。韩愈一看顿时慌了，连忙说道：“爹，爹，你怎么哭了啊？是不是孩儿惹您不高兴了？”这是，韩愈的母亲悄悄地走了过来，看见丈夫难过的样子也不禁悲从中来，放声痛哭起来。

韩仲卿见妻子痛苦的样子，只好安慰她说：“你不要太伤心了，你还年轻，我走了之后，你再寻个好人家，还有好日子过呢，这些年你也受苦了……”

韩愈的母亲听了丈夫的话，哭得更伤心了，她强忍着悲痛说：“夫君不要这样说，快别说了，我这辈子死也要跟你一起死……”

韩愈被眼前的一幕惊呆了，也随着爹娘的哭声哇哇大哭，乳娘听闻，急忙将他抱到庭院里去。此时，大门口传来一阵急促的脚步声，老仆人对乳娘道：“快去告诉夫人，两位少爷回来了！”话音刚落，韩仲卿的两个儿子已经进了院门。

刚进院子，韩会就急切地问：“我爹怎么样了？”还没等乳娘搭话，韩会已经跟弟弟冲进了父亲的卧室。

躺在床上呼吸艰难的韩仲卿听到了儿子的声音，睁大眼睛艰难地坐起来，守在身边的夫人连忙让他躺下。见夫人准备退出来，韩仲卿摇摇手，说："先别走，听我把话说完吧。"于是，他费力地说出了自己的临终嘱托："会儿，你是家里的长子，愈儿是你弟弟，年纪尚小，我走之后，就托付给你了，所以，你要对韩愈好生教导……还有，你母亲还年轻，让她改嫁吧……"韩仲卿不觉泪水已经湿了双眼，而身边韩愈的母亲哭得更加悲痛。

韩愈两个年长的哥哥跪在父亲的床前，悲痛地说："父亲，我们一定会竭尽全力照顾好弟弟的，请您放心。你好生静养，身体一定会好起来的。"

韩会、韩介两个强忍住泪水，守护着奄奄一息的父亲。父子在病床前相聚不足半月，这位一生为官清廉的大唐六品秘书郎就与世长辞了。

韩家遵照韩仲卿的遗嘱，三日后入殓，灵柩发送回河阳安葬。这个时候，韩愈只有三岁，他跟着两位哥哥把父亲的灵柩送进坟茔。一个尚未懂事的孩子，还不知道父亲的去世意味着什么，但他看着全家人都十分伤心，也就莫名其妙地跟着恸哭起来。

既然父亲已经离开人世，年幼的韩愈理所当然应该由自己的亲生母亲抚养。但是，韩愈的生母在韩家地位低下，因此，按照家族的规矩，她不能承担起抚养韩愈的责任，而是由韩家其他的族人来抚养长大。

可是，这位善良的母亲虽然出身贫寒，但作为母亲的责任使她变得异常坚强，在苦难的岁月里她给予了韩愈最无私的母爱，这份母爱使得韩愈在长大成人后，对母亲充满了无限的感激，并且在自己的文章中多次提到感恩母亲的养育之恩。

虽然韩愈母亲勇敢地承担起抚养幼子的重担，可是，他们母子在经济上已经断了来源，所以只能靠韩愈的两个兄长的接济。

值得庆幸的是，韩愈有一个可以依靠的哥哥韩会，韩会比韩愈年长三十多岁，年龄的巨大差距并没有让他对这个小弟弟产生歧视，相反，他为了履行当时对父亲的诺言，在父亲去世之后的岁月里，他积极地承担起了长兄的责任，在经济上无私地资助韩愈母子。可以说，在那个艰苦的年月里，韩愈能够顺利地成长，很大程度上要感谢他的哥哥韩会，所以在成年以后，韩愈始终都记得当年兄长的养育之恩。

回顾韩愈的家族，虽也是世代官宦之家，可是到了韩愈父亲这一代，家道已经衰落，再加上韩仲卿的官阶不高，俸禄也少得可怜，只能勉强维持一家人的温饱，伴随他的突然离世，韩家的生活更是艰苦万分。这个时候，韩愈家住的是茅屋，院子是枳木和棘木围成的篱笆，这是名副其实的农家田舍，已经没有一点达官显贵的气势了。

回顾童年时候的生活，韩愈在诗中写道：

旧籍在东郡，茅屋枳棘篱。
生兮耕吾疆，死也埋吾陂。

这首诗里的“东郡”，指的是繁华的洛阳城，而孟州古代又称河阳，与洛阳只有一水之隔。在韩愈苦难的记忆里，“茅屋枳棘篱”给他留下了难忘的印象。

韩愈这首诗，是在出仕之后写的，他在诗中回顾了自己的童年生活，虽然经济拮据，可是依旧充满无限的回味，甚至在自己死后想落叶归根，可见他对故土的感情是多么深厚。

虽然生活贫困，但是，因为有了哥哥和嫂子的倾心照顾，家庭中的相互关爱给了韩愈一个快乐无忧的童年。要不然，假如父亲去世后留下的全是痛苦的记忆，那么韩愈不可能这样深切地留恋自己的故乡了。

第二章　七岁善文

我们说过，韩愈生在官宦世家，虽然到了韩愈的父亲韩仲卿这一代，家道已经中落，父亲死后的生活甚至可以用“贫寒”来形容，但是，值得庆幸的是，韩家始终保持着勤奋读书的传统。

父亲韩仲卿和哥哥韩会都是饱读经典、学识渊博之人，虽然生活贫苦，但他们从来都没有放弃过读书的习惯，经常是废寝忘食地苦读，这样的家庭环境给韩愈留下了深远的影响。

韩愈自幼聪明过人，有“过目不忘”的本领，韩愈得到了哥哥的教诲，从七岁开始识字读书，“七岁属文，意语天出”、“七岁好学，言出成文”，这些赞美之词，是当时有名的文人萧存对韩愈的评价。

很多史书记载，少年时的韩愈已能文思泉涌，写起文章来更是别出机杼，高人一等。贫穷的生活非但没有磨蚀他对学习的挚爱，反而促使他更加勤奋，自立自强。

韩愈发誓要立志苦学，所以他经常是挑灯夜读，有了这样的坚持，他比同龄的孩子在学业上有了更大的进步。再加上他记性好，悟性高，能够触类旁通，举一反三，所以年龄稍长就已经能够“通《六经》、百家之学”。

虽然说史书的记载可能存在夸张之嫌，可是韩愈依靠自己的聪明和坚持，成为一代宗师，则是不争的事实。

韩愈曾说：“读书善文，自七岁至今。”又说：“口不绝吟于六艺之文，手不停披于百家之编，记事者必提其要，纂言者必钩其玄。贪多务得，细大不捐，焚膏油以继晷，恒兀兀以穷年。”不难发现，韩愈的成就都是依靠自己的坚持好学取得的。

这里有必要说一说韩愈名字的来历。

韩愈名愈字退之，说起这名和字，倒有一段佳话。韩愈父亲早亡，从小就由哥嫂抚养。转眼到了入学的年龄，嫂嫂郑氏一心想给韩愈起个又美又雅的学名，这天，郑氏翻开书，左挑一个字嫌不好，右拣一个字嫌太俗，挑来拣去，过了半个时辰，还没有给韩愈选定一个合意的学名。韩愈站在一旁观看，见嫂嫂为他起名作难，便问：“嫂嫂，你要给我起个什么名呢？”郑氏道：“你大哥名会，二弟名介，会、介都是人字作头，象征他们都要做人群之首，会乃聚集，介乃耿直，其含义都很不错，三弟的学名，也须找个人字作头，含义更要讲究才好。”韩愈听后，立即说道：“嫂嫂，你不必再翻字书了，这人字作头的‘愈’字最佳了，我就叫韩愈好了。”郑氏一听，忙将字书合上，问韩愈道：“‘愈’字有何佳意？”韩愈道：“‘愈’，超越也。我长大以后，一定要做一番大事，前超古人，后无来者，决不当平庸之辈。”嫂嫂听后，拍手叫绝：“好！好！你真会起名，好一个‘愈’字哟！”

韩愈长到十九岁时，已经是一位才华横溢的俊美少年。这年恰逢皇科开选，郑氏为他打点行装，送他进京去应试。到京城后，他自恃才高，以为入场便可得中，从未把同伴搁在眼

里。结果别人考中了，他却名落孙山。后来，他连续考了四次，最后才算中了第十三名。之后，一连经过三次吏部考试，也没得到一官半职。这期间他与才貌双全的卢氏小姐成了婚。卢小姐一方面仰慕韩愈的才华，另一方面又对韩愈那自傲之情有所担忧。她曾多次思忖，要使郎君日后有所作为，现在就应当规劝他一下，可是如何规劝他呢？这天晚饭后，二人闲聊诗文。畅谈中，韩愈提起这几年在求官途中的失意之事，卢小姐和颜悦色地说道："相公不必再为此事叹忧，科场失意乃常有之事。家父对我总是夸你学识渊博，为人诚挚，我想你将来一定会有所作为的，只是这科场屡挫，必有自己的不足之处，眼下当找出这个缘由才是。"韩愈听后，频频点头，说道："娘子讲的甚是有理，俗话说自己瞧不见自己脸上的黑，请娘子赐教。"卢小姐一听，随即展纸挥笔，写道："人求言实，火求心虚，欲成大器，必先退之。"韩愈捧赠言，一阵沉思：此乃夫人肺腑之言啊！自古道骄兵必败，自己身上缺少的正是谦虚之情，这个"愈"字便是证据。于是，他立即选用卢小姐赠言中的最后两个字"退之"，给自己起了个新名字。

当然这已是后话了。

除了自己的聪明好学，找寻一个学识渊博、满腹经纶的老师，对年幼的韩愈来说，也是非常必要的。

大哥韩会是韩愈的启蒙老师，在生活上给予了他无微不至的照顾，但是，人生的不幸总是接踵而至，在韩愈年仅十二岁的时候，一直照顾他的大哥韩会也离开了这个世界。

所以，万般无奈之下，韩愈只好另择老师。

韩愈非常清楚，一个好的老师将会对自己的学业帮助很大，后来他还专门写了《师说》一文，成为历史上论“老师”的传世经典。

《旧唐书》本传中说：

大历、贞元之间，文字多尚古学，效扬雄、董仲舒之述作，而独孤及、梁肃最称渊奥，儒林推重。愈从其徒游，锐意钻仰，欲自振于一代。

独孤及和梁肃是当时非常有学问的人，尽人皆知，独孤及的岁数比韩愈大得多，不大可能收韩愈为徒。梁肃曾经将韩愈的考试文章推荐给当时的科举考官看，从此韩愈也得以踏上仕途，迈入官场，由此可见韩愈的老师有可能是梁肃。如果是这样，那么韩愈后来的巨大成就，就可以说是名师出高徒了。

除此之外，韩愈在宣城时还拜窦牟为自己的老师。窦牟兄弟四人，其中三个由于擅长辞赋而中进士，得到朝廷赏识。一家有三个进士，这在当时是一件非常光荣的事情，在学子中被传为佳话，所以，韩愈听说了这件事，就慕名而来并拜他们为师，接受他们的教诲。韩愈在叙述他拜师情况时说：

我之获见，实自童蒙。
既爱既劝，在麻之蓬。
自视雏彀，望君飞鸿。
四十年余，事如梦中。

史书记载，韩愈是在到宣城后不久结识窦牟的。对于这样一个喜欢学习的后生，窦牟非常高兴，愉快地答应了韩愈的拜师请求。

窦牟循循善诱，使韩愈感受到了从未有过的学习气氛，在学业上长进很大，于是便有了荀子所说的“蓬生麻中，不扶则直”的感觉。

韩愈对窦牟十分尊重，自视自己为刚刚破壳而出要哺食的“雏鸟”，而窦牟则是飞翔于天际的大雁，指引着自己的未来和方向。

多年之后，韩愈回忆起这份师生情，仍回味无穷，记忆犹新，可见他对老师的感情是多么深厚。也可见一个好的老师，对他巨大的影响力。

第三章　推崇古文

每个人都会选择自己的人生道路，有的人走得顺风顺水，有的人处处碰壁，有的人则是先苦后甜。韩愈的道路走得也很艰辛，可是，上天给每个人都准备了一份礼物，韩愈虽然过早地承受了失去父亲和兄长的痛苦，但命运之神也会在适当的时候向他露出笑脸。

时间在飞快地流逝，一晃韩愈已经十八岁了，这一年是德宗贞元二年（786 年），韩愈刚刚来到繁华的京城，他开始在京城游学，同时也开始了一个新的成长阶段。

这个时候的韩愈，在京城里经常与提倡古文、反对骈体文的先驱独孤及、梁肃这样的人物来往，他们不仅对韩愈这个年轻人给予了巨大的帮助，而且他们的古文思想也深深影响了韩愈的人生。

骈体文是种特殊文体，魏晋南北朝时期，文坛兴起了“骈文”，这是一种讲究对仗、声律和词藻的文体，全篇以上下对称的双句为主，每句四个字或六个字相间，所以也称“四六文”。骈文发展到后期，越来越讲究声韵对仗的工整，追求华丽的词藻，运用的典故晦涩难懂，而文章的内容却很空洞，有时甚至让人不知所云。对这种靡丽、不健康的文风，很多有识之士都很反感，提出改革文风的主张。隋朝时，隋文帝甚至下诏要求匡正文风，初唐的魏征等人，在编写《隋书》等史书时，都没有用骈文，相反还在著作中批评了六朝时期的文风，他们主张使用“古文”（指秦汉时所用的散体文），恢复秦汉以前那种自由、质朴、实用的文风。但由于这时期并没有产生令人信服的佳作，所以他们的主张并没有得到广泛的认同和拥护。

梁肃对骈体文很反感，主张用先秦、两汉的散文形式写作，这正合韩愈的心意，于是韩愈频频登门求教，拜在他的门下。

今天看来，小小韩愈能认识到骈体文的弊端，已经很有见地了。他在长安立志恢复古文写作，常常求教于梁肃，在这位文坛大家的指点下，韩愈古文水平得到了很大的提高。

韩愈在平时的学习中，总结了不少学习经验。韩愈强调“诗书勤乃有，不勤腹空虚”，认为学习第一要嘴勤，多吟诵古人诗篇；第二要手勤，多翻阅古代典籍；第三要脑子勤，多思考、揣摩文章精髓。他通过实践，体会到要想有学问，必须在博的基础上求精。因为没有博，就不可能精；没有精，博也只是个大杂烩。所以他读书时，提其要，钩其玄，把握要点，然后融会贯通，掌握其精神实质。

韩愈不迷信古人，虽以古人为师，却不拘泥于章句，而是学习借鉴古人的思想和思维方法，他对别人说，不能只照搬古代圣贤的语录，要敢于创造并超越古人。

他极力赞同恢复古文写作，摒除写作上的文字游戏，但韩愈的这种新思维，已远远超过了那个时代的脚步，所以不被多数人接受，还有人极力反对，给他制造麻烦。其间，韩愈独自一人在长安奋斗，上下求索，这种状况一直到他求仕成功、文名天下传之后才有所改变。当然这是后话了。

一个家境贫寒的年轻人，要想在繁华的京城读书是非常不容易的事情。很多富家子弟在京城读书都是衣食无忧的，可韩愈却是缺衣少食，食不果腹。

后来实在坚持不下去了，他只好抱恨离开了京城。离开京城之后，韩愈十分不甘心，他在百无聊赖之中萌生了一个奇想：为什么不去求北平王马燧帮忙呢？说不定马燧会产生恻隐之心，助自己一臂之力，即便是失败了，自己也不会有什么损失，至多是招来一顿嘲讽罢了。

想到这里，韩愈高兴极了，顿时有一种绝处逢生的感觉。可是，现实的问题摆在眼前，自己怎么才能见到马燧呢？

他在心中设计了几种方案，登门求见，马燧未必肯搭理自己，最好的办法就是在马燧出朝时拦住马头，向他诉说自己的遭遇。当然，这个办法也不一定能奏效，只能是死马当成活马医，为了自己的远大理想，他只能冒险试试运气了。

说干就干，韩愈此后一直密切关注着马燧的动向。终于有一天，机会来了。这天的天气非常好，韩愈在街上溜达时，正好遇到了马燧的车队。

于是，韩愈跑上前去，拦住了他的坐骑。马燧虽然是位高爵显的王爷，但他也是一个善良的人。他仔细打量着跪在马前的年轻人，他发现，这个年轻人虽然衣衫褴褛，却是五官端正，气宇轩昂，一表人才。于是，他和蔼地问韩愈："我与你从未见过面，你为何拦住我的路呢？"

韩愈小心翼翼地回答："小人来京城投靠堂兄，不料他已命丧黄泉。我生活无依无靠，流落街头，打扰大人实在是无奈之举，还请大人原谅小人的鲁莽。"

"你是哪里人？堂兄叫什么？"马燧想了解韩愈的身世。

"回禀大人，小人姓韩名愈，家住河阳，堂兄是已故的殿中侍御史韩弇。"

一提起韩弇的名字，马燧顿时大喜。原来，他与韩弇的交情一直不错。韩弇为国捐躯，功在社稷，朝廷应该对他的家人有一定的抚恤才是。

现如今，眼看着功臣的族弟千里奔波，来京城寻找亲人，却落得流落街头的结果，自己应该收留这个年轻人为好。

想到这里，马燧便问韩愈："你识字吗？"

韩愈说："小人的父亲、祖父都是读书之人，受家族影响，小人当然不敢荒废学业，略识得几个字。"韩愈偷眼看了看马燧，他见马燧在很认真地听他介绍，便鼓足勇气道："小人虽才疏学浅，但酷爱读书，圣贤之书也读了一些，只是还没有参加过科举考试。"

马燧捋髯微笑："你既有这样的才学，何不跟老夫回府，教犬子读书如何？这样你也有个安身立命之地。"

听了马燧的话，韩愈自然是喜出望外，他立马便答应了下来，于是就跟马燧回到府上，教他的两个儿子马汇、马畅读书。至此，韩愈才算有了一个安身立命的地方，告别了流落街头的悲惨生活。

经过自己的勤学努力，韩愈学识大有长进，参加了四次科举考试，终于高中进士。然而这对于韩愈来说，也是一种无奈与伤心，虽然考中了进士，然而事情并不是那么顺利，仕途的大门并没有轻易为韩愈打开。

原来，在唐德宗时代，进士的荣耀已经不像以前那样显赫了。没有良好的家世背景，即使高中进士也难以进入仕途之路。而韩愈是从下层社会走上来的知识分子，在上层社会里并没有地位显赫的亲人朋友，虽然高中进士，还是受到了当权者的打击。在中进士之后很长的一段时间里，他的生活依然没有多大起色。

韩愈为自己的仕途多方奔走，可是无奈府门十处九不开，前途渺茫之下，只好回到河阳老家赋闲。这样的无聊与无奈，对有济世之才的韩愈来说实在是一种折磨与痛苦。

贞元十一年（795年）九月，韩愈离开河阳，去东都洛阳谋求职位，路过田横墓，想起古代这位节义凛然的英雄壮士，心里竟多了许多感慨。

田横是战国时期齐国的贵族，秦朝末年沦落为平民百姓。陈胜吴广农民起义爆发后，齐王后人响应陈胜吴广号召积极抗秦，与刘邦、项羽逐鹿中原。其兄田儋自立为主，不久马革裹尸，战死沙场。田儋弟田荣与田荣之子田广相继为齐王，田横任宰相。

汉高祖刘邦统一天下后，田横不愿臣服，被韩信战败，率残部五百人流亡到今天的山东即墨一带。可是普天之下莫非王土，率土之滨莫非王臣。刘邦多次派遣使节到荒岛招安，田横如果向朝廷称臣，即可进京封侯加官，要不然朝廷便出兵围剿孤岛，斩尽杀绝。

田横为保存五百火种，被迫离开荒岛赴京，且只带了两个随身侍从。行至距都城三十里的一处驿站时，田横凛然自刎，并在死前嘱托两位随从将他的头颅献给刘邦。

当刘邦见到田横那容颜未改的头颅后，深为其刚烈之气感慨而震惊，遂以王者礼仪予以厚葬，并下令任命田横的两个随从为都尉，发士卒两千。田横的葬礼刚毕，两位随从便在田横坟前各自挖一洞穴同时自杀，随主而去。当田横宁死不称臣的消息传到荒岛时，五百壮士感动不已，遂全部步其主后尘，合众自杀，以身殉节。

韩愈认为，田横虽然没有完成复国大业，却牢记国耻，不甘受辱，不顾个人生死，不损名节，他的英雄气概与日月同辉，足以光耀后世。

韩愈对英雄田横的推崇，深刻地说明在他的内心深处，始终有一种置生死于度外，以身殉国的精神气质，同时也表明他渴望过一种轰轰烈烈的人生，而不是像那些苟且偷生之人蝇营狗苟地活着。

第四章 奔波仕途

常言道，人生有四种得意："久旱逢甘霖，他乡遇故知。洞房花烛夜，金榜题名时。"韩愈依靠自己的勤奋努力，最后高中进士，实在是一件可喜可贺的事。

这一年的科举是在贞元七年（791 年），而放榜是在次年的贞元八年（792 年）。贞元八年（792 年）对于韩愈来说是非常重要的一年，四种"得意"他身占其二，在这一年里，二十四岁的韩愈不仅金榜题名，而且还完成了另一件终身大事——那就是和卢氏成亲，组建了一个属于自己的幸福家庭。

二十四岁的韩愈正是风华正茂的年龄，他在长安高中进士之后，还需要通过吏部的进一步考试，考试通过之后才能做官。

可是韩愈连续参加了三次吏部考试，都没有录取，可见吏部考试的难度之大。

当时的吏部考试，分很多科选，如博学宏词科、贤良方正科、能言极谏科等，每人选一科，韩愈所选为博学宏词科。博学宏词科，一作博学宏辞科，原为唐代科举的制科之一，在韩愈生活的那个年代，已变为吏部考试的常设科目，进士中第者

多为鸿学硕儒，必有坚实的经史知识，因此许多进士都由博学宏词科入仕。比如，著名的文学家和诗人，比韩愈的年龄要小一些的柳宗元和刘禹锡，也是依靠这个入仕的。

韩愈自幼就擅长经史子集，可谓学识渊博，满腹经纶，然而他的入仕却挫折百出，刨根究底，固然有运气的因素，关键还在于韩愈擅长的是古文，而当时吏选多用骈文，不适合统治阶级的口味。还有更重要的原因是，当时的吏选体制，考场之外的功夫至关重要，但韩愈在这方面的公关能力不是一般的差，再说，韩愈家境贫寒，也送不起礼物，所以几次考试都不理想。

考场外的公关，当时叫“干谒”，“干”，求也，特指追求俸禄、官阶等。“谒”，拜见之义，特指拜见地位或辈分高的人。干谒，指的是有所企图和要求于位高权重的人。

说得简单一些，干谒就是走走后门，打通关系。今天要想走关系，首先想到的常常是请人吃饭，或者是大把砸钱，这种情况古代也十分常见，可是从总体的社会风气来看，科举和吏选的干谒，与今天的走关系还是有明显区别的。古时候的干谒风气，主要是展示个人聪明才智，怀揣自己的文稿，希望主考官给自己多说几句好话，以最大限度地推荐自己。被干谒的人，一定要有非常显著的社会名声，或是能同主考官直接或间接说上话的人。

古之士子所学，天下归一，都是君臣父子、仁义礼智之类的纲常伦理，都是脱口吟诵、作诗为文之类的风雅，因此不管是无官的读书人还是入仕的官僚，他们都可以随口作几句诗句来。被干谒者的一句话，常常能决定考生的未来，这就是我们讲的科举公关。

要想干谒达官显贵，社会关系就显得尤为重要了。魏晋南北朝时期，家庭条件不好的穷苦读书人，入朝为官的机会微乎其微。韩愈生活在中唐之后，同过去相比较，寒门的机会相对多了一些，可是，没有一定的社会关系也是不行的。

韩愈家在河阳，远离京师，父兄早卒，生活孤苦无依，这对于他的仕途实在是一个巨大的打击，可是也不是完全没有机会。史书记载，韩愈在科举后到吏部考试期间，干谒活动还是比较多的。这其中最著名的一次，是在他中榜之后，谒见凤翔节度使邢君牙，这可在韩愈所写的《与凤翔邢尚书书》一文中看出某些端倪。

通常而言，干谒文多是巴结对方，而韩愈的这篇干谒文写得很另类，给我们与众不同的感觉，在这篇文章里，韩愈写道：

布衣之士，身居穷约，不借势于王公大人，则无以成其志；王公大人，功业显著，不借誉于布衣之士，则无以广其名。是故，布衣之士虽甚贱，而不谄；王公大人虽甚贵，而不骄。其事势相须，其先后相资也。

最后介绍自己的时候，也是不卑不亢的：

愈也，布衣之士也。生七岁而读书，十三而能文，二十五而擢第于春官，以文名于四方。

虽然出于书信礼节，韩愈也用了“再拜”（拜了两拜，一种礼仪）、“幸甚幸甚”（太荣幸了）、“居十日而不敢进者”等客套话，可是，我们不难发现，韩愈的自信还是非常明显地体现了出来，点点滴滴都表达了一种年少的轻狂，可谓书生意气，不通人情。

要明白，邢君牙是一个镇守藩镇的节度使，是一个地方的长官，而韩愈仅为一无名小卒。有求于这么重大的人物，却以一种说教者的口吻进谏其言，称布衣与王公大人相依相存，并且说出“岂待士之道未甚厚，遇士之礼未甚优”之类的话，自荐“以文名于四方”，实在是胆大包天的举动，所以，这次公关活动彻底失败。

除此之外，韩愈还为干谒写有《应科目时与人书》，这也是其典型代表作。干谒书是一种应制文章，这种文章写起来非常麻烦，既不能奴颜婢膝，又不能过于草率，有求于达官显贵，却又不丢读书人的尊严，因此非常难。在这方面，从为文的角度来考虑，韩愈的文章已经是非常拔尖了，可是正如孔老夫子所云“辞达而已矣”，说得再夸夸其谈，也是一封“求助信”罢了，达官显贵能不能仔细过目都还是未知数。《应科目时与人书》写完之后，他发了好多，可最终都没了踪影。

好在有一些当权者是读过书的人，其中也不乏惺惺相惜、爱才识文者，只不过，在这三次吏部的博学宏词科的考试中，韩愈却显得不那么幸运而已。

高中进士却没有官阶，俸禄之类更无从谈起，因此，作为一个读书人，面子上更过不去了，这不能不说是尴尬至极。

韩愈在后来回忆这段日子的时候，感慨颇多。在《与李翱书》中称：

仆之家本穷空，重遇攻劫，衣服无所得，养生之具无所有。家累仅三十口，携此将安所归托乎？舍之入京不可也，挈之而行不可也……足下谓我，入京城有所益乎？仆之有子犹有不知者，时人能知我哉？持仆所守，驱而使奔走伺候公卿间，开口论议，其安能有以合乎？仆在京城八九年，无所取资，日求于人，以度时月，当时行之不觉也。今而思之，如痛定之人，思当痛之时，不知何能自处也。

这段话的大意是："我的家本来就不怎么富裕，又遇上藩镇割据，战火纷飞，衣用都没有了啊。全家三十口，带到京城也不行，不带也不行，真是左右为难啊。来到京城我有什么收获呢？你的儿子都不认识我，别人怎能了解我的苦衷呢？我为了干谒奔波劳累，在京城待了这么多年，求人接济，没有什么收获，真不知当时是怎么熬过来的。"

经历过如此痛苦经历的韩愈，在他中晚年尤其愿意提携寒门有才学的年轻人，这也从另外一个角度说明了干谒中的种种无奈与悲哀。

第五章　汴州交友

韩愈离开京师后，直奔汴州，这段日子，虽然他在仕途上颇有挫折，然而这一时期，他也结交了很多朋友。韩愈的朋友有孟郊、李翱、张籍、杨凝等名士，韩愈在与他们的结识和交往中，“以诚相待，不忌小嫌”，深受大家的喜爱和赞赏。

韩愈和孟郊认识很多年了，算是老相识了。孟郊字东野，湖州武康（今属浙江）人，生于天宝十年（751 年），比韩愈大了整整十七岁。说起他们相识的经过，还有一段故事。

传说有一天，贾岛骑着毛驴到东都郊外野游，美丽的自然风光引起了他的诗兴。池边的树上有很多小鸟，池子不远的地方很幽静，这里住着一户人家，他触景生情，赋诗一首，诗云：“闲居少邻井，草径入荒园。鸟宿池边树，僧推月下门。”但他对最后一句用“推”字还是“敲”字更合适，把握不住。因此，他在回去的路上，骑着毛驴苦思冥想。毛驴驮着他进城以后，他没有察觉，不知不觉迎头闯进了韩愈的仪仗中。仪仗官员赶忙迎头拦住毛驴，而这时的贾岛还是思考“推”字或是“敲”字，根本没有注意到毛驴已把他驮到了韩愈的马前。

韩愈的卫士大喝一声，将贾岛拖下毛驴，带到韩愈马前。

韩愈一看是个神志不清的读书人，就询问原因。贾岛老老实实讲了自己面临的难题。韩愈一听，不但没有责怪他，反而饶有兴趣地停住马和贾岛讨论了好一会，最后，对贾岛说："还是用敲字更好。"说完，韩愈请贾岛骑上毛驴，和自己并辔而归。之后，连续多日将贾岛留在府中，共同探讨关于诗歌中的学问。两个人最终成为好朋友，韩愈不怪罪贾岛，而共同推敲学问，也就成了流传千古的佳话。

贞元十年（794 年）前后，孟郊高中进士，适逢韩愈也在那里应吏部试，两人不期而遇，虽然孟郊比韩愈年长，可是两人一见如故，最后成为挚友。韩愈经常称孟郊的字而不呼其名，无论是喝酒吃饭还是参加其他聚会，都会叫上孟郊。孟郊一生颠沛流离，作为感情深厚的朋友，韩愈理解他的悲惨身世，然而当时他自己也是无能为力，只能写一首《长安交游者赠孟郊》诗规劝他要热爱生活，要宠辱不惊：

长安交游者，贫富各有徒。

亲朋相过时，亦各有以娱。

陋室有文史，高门有笙竽。

何能辨荣悴，且欲分贤愚。

孟郊也是饱学之士，高中进士后，也没有通过吏部考试取得入仕资格，只得投靠汝州刺史陆长源做了幕僚。

这年夏天，董晋任宣武军节度使，八月中秋节之际，陆长源调任宣武军行军司马，孟郊跟随他到了汴州。当时恰逢韩愈也在汴州，于是老友相聚，十分欣喜，把酒言欢，不在话下。此时的孟郊遭到了陆长源的排挤，心情压抑，一时难以排解，没想到自己心境与韩愈竟然非常相似，于是，两个人一见面就打开了话匣子。

贞元十四年（798 年）春，孟郊经过深思熟虑，决定离开汴州南下，另谋生路。与韩愈告别时，两人都十分不舍。

元和九年（814 年）三月，郑余庆以河南尹出任山南西道节度使，让孟郊做自己的幕僚、试大理评事。孟郊赴任途中突然生了怪病，第二天就去世了。韩愈听闻这个不幸的消息后，悲痛万分，立即提笔写下了《贞曜先生墓志铭》，其文曰：

唐元和九年，岁在甲午，八月己亥，贞曜先生孟氏卒。无子，其配郑氏以告。愈走位哭，且召张籍会哭。明日，使以钱如东都，供葬事，诸尝与往来者，咸来哭吊……

韩愈与孟郊相交多年，甘苦相伴，他们不仅是不折不扣的贫贱之交，更是文学上难得的知己。在这篇文章中，韩愈连用三个“哭”字，强烈地表达了自己对老友不幸辞世的伤心之情。韩愈对孟郊各类文章也十分赞赏，在《送孟东野序》中誉他为与陈子昂、李白、杜甫一样的大文学家。又有《双鸟》诗，将孟郊与自己喻作“海外”飞来“相伴而鸣”的双鸟，“自从两鸟鸣，聒乱雷声收。鬼神怕嘲咏，造化皆停留”，两人的诗歌创作对当时的诗坛带来了很大的影响。

孟郊的丧事，由韩愈等集资，樊宗师料理，郑余庆也出了钱财，使孟郊的遗孀衣食无忧。张籍等商量，私谥孟郊曰“贞曜先生”。

除了孟郊之外，韩愈在汴州结识的另外一个朋友就是李翱。按照辈分，李翱是韩愈的晚辈，因为李翱娶了韩愈族兄之女为妻。

韩愈有一位族兄，他死的时候，他的夫人韦氏还不满二十岁，还留下一个嗷嗷待哺的女儿无依无靠，韩愈便把她们接到自己家中养活。后来，侄女长大成人，看看到了出嫁的年龄，韩愈见李翱是一个善良的人，又很有学问，便把侄女嫁给他作为妻子。

李翱在汴州与韩愈认识时还没有成亲，一直叫韩愈为兄，结婚以后，在辈分上，李翱应称韩愈为叔父。

李翱在叙述和韩愈相见的经过时说：“贞元十二，兄在汴州，我游自徐，始得兄交。视我无能，待予以友。”

原来韩愈在汴州做幕僚的时候，给了李翱很多的帮助。后来看他聪明伶俐，便教他读书、写字，李翱悟性很高，进步神速，韩愈非常赏识。不幸的是李翱家庭贫困，没钱继续完成学业，韩愈悲痛地说：“近李翱从仆学文，颇有所得，然其人家贫多事，未能卒其业。”

韩愈对李翱的帮助，使他没齿难忘，再加上姻亲这层关系，他对韩愈的尊重更是多了一层。韩愈去世后，李翱著文怀念，悲痛万分。

韩愈以前并不认识张籍，贞元十三年（797年），孟郊来到汴州，交谈之间，向韩愈推荐张籍是一个很有学问的人。

张籍从和州（今安徽和县）来汴州，跟着韩愈学习。贞元十四年（798年），韩愈主持汴州贡举，张籍在这次考试中得中，这自然是韩愈的功劳。

冯宿，字拱之，婺川东阳人（今浙江金华），贞元年间与韩愈一起高中进士，他写了一篇《初筮赋》拿给韩愈欣赏，韩愈当即写了一篇《与冯宿论文书》，表达了自己的意见。

他说，用古文写作，自己是非常满意的，却招致别人猛烈的批评；用时下流行的文体写作，自己不满意，却能得到别人的夸奖。我真不知道今人为何这样不待见古文啊！

在汴州这段时间，韩愈还认识了李服之，其父李阳冰善写篆书，叔父李择木善八分书。李服之送给韩愈蝌蚪文《孝经》和汉代卫宏的《官书》，把《孝经》《官书》两部合为一卷，希望韩愈能在蝌蚪文上钻研出一些成就来，将他父亲和叔父的学问发扬光大。韩愈将这些珍贵的文献收藏在自己的箱子里，当时没时间钻研，后来，当他到京城当上了四门博士时，才得以打开箱子，重温这些经典。

第六章　重振儒学

漫漫的人生之路总会充满挫折与坎坷，韩愈在政治上一直不顺利，任职走马灯似的更换，差不多是席不暇暖，就要离开一个地方到另外一个地方去，政治上的失意和贬谪让韩愈很是无奈。可是他继承了儒家积极用世的思想，面对挫折，毫不灰心丧气，总是积极争取，耐心等待。特别是在古文写作方面，韩愈遇到的困难很大，但取得的成就也最大。

贞元十二年至十四年（796—798 年），韩愈生命中最重要的三位成员：诗歌上的挚友孟郊，古文上的挚友李翱，道义上的挚友张籍，在汴州相聚言欢。这是一次诗歌、古文和学术的聚会，对韩愈的影响非常大。朋友之间的沟通，使韩愈的诗文得到了很大的成长，张籍的“道义”之责更使他心生感慨，以前张籍对他有“排释老不若著书”的责备，其实这种指责也并非没有道理。

贞元十五年（799 年），韩愈不辞劳苦，终于完成了著名的“五原”写作：《原道》《原性》《原毁》《原人》《原鬼》。“五原”的写作，奠定了韩愈在儒学上的稳固位置，此后不久，关于文、道和古文写作的《答李翊书》《与冯宿论文书》等，

则进一步奠定了韩愈在文坛的地位。

随着韩愈在文坛上的名声越来越响，很多有志于古道和古文的青年士子纷纷向他学习。无论是谁，韩愈都热情接待，悉心指导，其中如《与卫中行书》《答侯生问论语书》《答李秀才书》等，与《答李翊书》一样，都是他指导青年学习的最好证明。

韩愈提倡的古文运动的目的，是复兴儒学，依靠复兴儒学，来恢复中国儒家的统治地位，使国家统一，朝廷强盛。

贞元六年（790 年），二十二岁的韩愈在《上贾滑州书》里说他“整顿旧所著书一十五章”，通过此句，我们不难发现，韩愈在二十二岁时就已经写了很多作品，但是不幸的是，这些作品大部分都没有流传下来。从现存的几篇文章中，可以看出，他在青年时期就用散文的形式进行写作，这也是“欲自振一代”的韩愈比别人更独特的地方。

韩愈提倡的古文复兴，在文学和政治上，都提出了一条真真切切的可行道路，体现了韩愈对国家命运的关心。正是在这种关心的前提下，韩愈提出了借古文运动复兴儒家，从而完成文化与社会的复兴这一伟大任务。

安史之乱后，唐王朝逐渐衰败，国家内忧外患，民不聊生。韩愈从文化的角度进行了深刻的反思，从而提出复兴儒学以拯救社会的主张。

那个时候，中国文化及制度面临巨大的冲击，一是印度佛教在我国逐渐流行，特别是中唐以后，大有凌驾于中国文化之上的态势，在思想观念上对儒家文化的正统地位形成冲击。唐宪宗沉湎于佛教，不理政事，为此韩愈曾给予了猛烈的抨击，差点被砍了脑袋，幸亏得人相救，才大难不死。可见韩愈对佛教的反对是相当激烈的，而这种反对思想，则是从恢复和维护儒家的正统地位出发的。

中国文化面临的另一个冲击是外来文化在政治制度及生活方式上对儒家礼乐文化的影响。韩愈已敏锐地感受到了外来文化对儒家文化的强烈冲击，感受到儒家政治所面临的强烈危机，所以他比同代人更为惊恐不安。因此，他把复兴儒学重振纲常与国家的中兴大业联系在一起。

韩愈的古文运动，正是表达出复兴儒学从而使中国复兴的思想。为了达到这一目的，他开始处处兴办教育，广教子弟，欲培养出第一流的儒学人才，同时，韩愈在古文运动的思想和理论上进行了一系列卓有成效的研究，使古文运动有了创造性的建树。除此之外，这一阶段，韩愈还以自己辉煌的文学创作，为古文运动树立起伟大的榜样。

第七章　赴京任职

贞元十五年（799 年）冬天，韩愈来到京师，他继续为干谒之事奔波，希望能够谋得一官半职。从中进士到现在，掐指一算，已经过去七八年了，韩愈一直不辞劳苦地奔波于仕途，但是却毫无所获，这使韩愈感到很无奈，不得不收起他的高傲自尊，求救于权门。可是权门紧闭，他始终没有找到门路。

正当韩愈处于无限迷茫之际，他有幸遇到了与他一起高中进士的欧阳詹。

欧阳詹是泉州晋江人，当时在国子监担任官职，他十分佩服韩愈的才华，于是便想推荐韩愈，他没有经过仔细的谋划，便贸然率领国子监的数千名监生来到朝堂，推举韩愈的才干，向皇帝求情，请求皇帝给韩愈一官半职。

这一事件轰动了全国。韩愈心想，这次有同年进士的大力提携，如今又闹到了皇帝面前，自己一定有出路了，可是众多学生的请求却未被唐德宗恩准。

德宗皇帝需要的是浮华与艳丽，需要粉饰太平的文章，而韩愈所倡导的正好与之相反，他是古文运动的倡导者，不肯粉饰太平，再加上德宗对这种聚众抬高身价的做法很不赞同，于是这件事就不了了之。

这次没有结果的请愿对韩愈的打击很大，他对皇帝的幻想再一次破灭了。其实，如果仔细分析一下，韩愈的同年进士欧阳詹率国子监学生请愿，要求皇帝任用韩愈之事，确实做得非常鲁莽。毫无疑问，这种请愿是对唐德宗极大的不尊重，给外人造成的感觉就是唐德宗作为天子，却没有选贤任能的胸怀。而唐德宗本非明君，经此一闹，尽管他也欣赏韩愈的才华，但内心已对韩愈关上了入仕大门。

而当年的韩愈还很年轻，没有政治头脑，加之一心求仕，因此任由同年进士导演这么一件荒唐的闹剧，最终殃及自身，导致求仕无门。

尽管最终没有达到入仕目的，但韩愈对欧阳詹的鼎力推荐仍十分感激，挥笔写下了《驽骥》一诗，以表达自己的感激之情：

驽骀诚龌龊，市者何其稠。力小若易制，价微良易酬。
渴饮一斗水，饥食一束刍。嘶鸣当大路，志气若有余。
骐骥生绝域，自矜无匹俦。牵驱入市门，行者不为留。
借问价几何，黄金比嵩丘。借问行几何，咫尺视九州。
饥食玉山禾，渴饮醴泉流。问谁能为御，旷世不可求。
惟昔穆天子，乘之极遐游。王良执其辔，造父挟其辀。
因言天外事，茫惚使人愁。驽骀谓骐骥，饿死余尔羞。
有能必见用，有德必见收。孰云时与命，通塞皆自由。
骐骥不敢言，低回但垂头。人皆劣骐骥，共以驽骀优。
喟余独兴叹，才命不同谋。寄诗同心子，为我商声讴。

这一次请愿未能成功，给韩愈带来了很大的打击，在挫折面前，韩愈也曾绝望，甚至想过隐居山林。可是最终他没有那样做，而是知难而进，越战越勇。

贞元十七年（801 年）下半年，他作了长足的打算，再行干谒。这一次，他有幸得到了祠部员外郎陆傪的引荐，终于得以授官，做了国子监四门博士。

当时任四门博士的条件就是“通四经业成，上于尚书吏部试登第者，加阶放选也”。四门博士为四门学的学官，四门学隶属于国子监，国子监相当于唐朝的中央大学，是当时全国级别最高的公立学校。

四门之说源于《礼记》：“天子设四学”，本为四郊之学校。北魏太和年间始立四门博士，于四门置学，后与太学集中到一起，但沿袭其名。博士相当于现在的大学老师，但有职品，四门博士为正第七品上阶（一作从七品上）。

韩愈当了四门博士后，其官阶比原来所任的节度推官的从九品高了好几级，而且有了勋阶，被授予将仕郎，俸禄待遇都有所增加，能有这样的机会，对于韩愈来说，已是非常不错了。

在此之前，他的好朋友欧阳詹曾极力荐举他当博士，那时欧阳詹为四门助教，官阶比博士低，为从八品上。可是让韩愈悲痛的是，他刚赴四门学任职，便听到了欧阳詹病故的消息。韩愈素重情义，失去了这么一个好朋友，他不禁悲痛万分。

当时的韩愈还较年轻，虽然已经有了一定的名气，但名气毕竟还不是很大。四门博士所教的学生非常多，这对提高老师的声名帮助非常大。

据《旧唐书》记载，四门博士掌教的学生有两类：一类是七品以上文武百官及爵位为侯、伯、子、男者之子，属于下层贵族（出身再高者入国子学、太学），此类学生五百人；第二类是寒门庶人之子，为俊士生者，即经过基层一级选士之优秀者，此类学生八百人。中唐时期，四门博士共三人。四门博士上归国子监的一把手祭酒、二把手司业领导，下有助教三人，另有直讲四人，典学四人，掌固六人，辅佐博士、助教之职。

这样的职位对于韩愈来说非常适合，上可上书于天子，以便展露自己的思想和才华；下可教书育人，植桃育李，推广自己文以载道和倡导古文的文学主张。因此，这一时期里，韩愈过得很愉快。

然而，韩愈却不是一个安于现状的人，他虽然在京城有了可以安身立命的地方，但他的心情却不能平静下来。这个时候的国家，经历了安史之乱的动荡之后，国家千疮百孔，民不聊生，多年生活在社会的底层，经历过颠沛流离的韩愈，对官场上的种种弊端感到深恶痛绝，孔孟思想当中“修身、齐家、治国、平天下”的理想，使他具有了深深的使命感。

正如他在《原道》中所写：

博爱之谓仁，行而宜之之谓义，由是而之焉之谓道，足乎己而无待于外之谓德。……斯吾所谓道也，非向所谓老与佛之道也。尧以是传之舜，舜以是传之禹，禹以是传之汤，汤以是传之文、武、周公，文、武、周公传之孔子，孔子传之孟轲。轲之死，不得其传焉。荀与扬也，择焉而不精，语焉而不详。

韩愈这段话的意思是，作为士子，要继承和传播业已断绝的天下大道。而他正是其主要倡导者、身体力行者。儒家经典《大学》称："古之欲明德于天下者，先治其国。欲治其国者，先齐其家。欲齐其家者，先修其身。欲修其身者，先正其心。欲正其心者，先诚其意。"这段话被韩愈所引用，《大学》在宋代被列入"四书"，这与韩愈的努力是分不开的。

依照唐朝的规矩，四门博士一职为两年任期，表现好的人可以迁转和升职。贞元十九年（803年）秋冬之际，韩愈届满时得以迁监察御史。

升官是一件好事，求之不得，然而祸福相依，等待韩愈的，将是更大的挫折和打击。在唐朝，监察御史隶属于御史台。御史台属于检察、监督吏治的机构，包括三院：一为台院，其官有侍御史；二为殿院，其官有殿中侍御史；三为察院，其官有监察御史。监察御史共十五人，官秩为正八品下阶，掌"分察百僚，巡按郡县，纠视刑狱，肃整朝仪"之职。

虽然其职品比此前韩愈所任的四门博士略低，但权力范围很宽，具有很大的实权，对于仕途来说，这是一个很重要的阶梯。具体来说，监察御史负责的事情很多，如战争的行赏，屯田及铸钱的论功，囚徒罪犯的判决，地方官的得失评价，尚书和六司过失的纠察，祭祀、会议、宴会、习射的监督等。

以韩愈刚直不阿的性格，监察御史对于韩愈而言，既是一个更大的平台，同时也是一个严峻的考验。韩愈虽然饱读诗书，但却不善于争权夺利，他纵有一颗济世报国之心，可置身于京城复杂的政治斗争漩涡中，却显得力不从心。在官场当中，只有一颗忠君报国的心，是无法躲避那些飞来横祸的，这一点，在韩愈担任监察御史之后不久就已经露出了端倪。

第八章　被贬阳山

就在韩愈刚刚担任监察御史不到两个月的时间里，一个意外发生了。贞元十九年（803年）底，韩愈突然被罢了官，贬为连州阳山（今属广东）县令。

他在御史任上刚刚干了几个月，还没有来得及施展才华做一番事业，就被当权者赶出了朝廷，这次打压使韩愈感到十分迷茫，他多次扪心自问：我到底错在哪了？

这个问题不仅韩愈当时没有搞明白，就连后代的历史学家也没搞明白。迄今为止，很多人依旧对这个问题争论不休。有人认为，贞元十九年（803年）关中遭了大旱，颗粒无收，哀鸿遍地，百姓流离失所，而官吏则无动于衷，依旧鱼肉百姓。韩愈实在看不惯，上疏说百姓乃天下之根本，本固邦宁，请求解除百姓疾苦，执政者怪他多管闲事，于是将他赶出京城，到偏僻的阳山任县令，免得他再来搅局。

也有人认为，韩愈之贬与他上疏没有什么直接的关系，是因为他为人刚正，得罪了当权者，达官显贵视他为眼中钉、肉中刺，于是便贬谪他为阳山县令，以示惩罚。

还有人认为，韩愈因上疏论宫市之弊，触怒了皇帝，故有阳山之贬。还有人认为，韩愈是受了王叔文、韦执谊的打击，而韩愈恪守官道，没有把柄可抓，便归咎于他上疏论宫市，以此为原因，将他赶出京城。

更有研究者认为，当时朝廷上存在着两个集团，一是德宗及其左右近臣，一是太子（即后来的顺宗）及王叔文等人。

实际上，《御史台上论天旱人饥状》得罪了京兆尹李实，是造成韩愈被赶出京城的主要原因。李实为人专横，私欲极强，睚眦必报，无人敢惹。

有一次，他在街上与御史王播相遇，按当时规定，京兆尹必须给御史让道，李实不让，王播一怒之下训斥了李实的随从，李实便怂恿天子贬王播为三原（今属陕西）令。

万年（今陕西西安）令李众为人正直，遭李实陷害，被贬为虔州（今江西赣州）司马。韩愈的奏疏中虽未提及李实，但他作为京兆尹，自然要受到影响，韩愈遭罢官，便有了合理的解释了。

贞元十九年（803 年）冬天，天寒地冻，滴水成冰。朝廷派人督促韩愈离开长安，到被贬的阳山去任职。其实，与其说是催促不如说是逼迫。多年以后，韩愈回忆起当时的场景，仍然感到心寒。

冒着漫天的飞雪和严寒，韩愈悲愤地离开了京城，向着被贬的地方进发。

当时天气寒冷，路上都是大雪，车辆无法通行，韩愈只得骑马前行，出长安没多久，便转入了商洛山。商洛山又名地肺山、楚山，在现在的陕西商县东南。

当时商洛山白雪封山，山路弯弯曲曲，韩愈只得慢慢地行走，稍不注意，便会葬身万丈深渊。许多年后，韩愈回忆当年

"商山冬季月，冰冻绝行辅"、"叠雪走商岭"的情景，还不觉一阵冷汗直冒。

当时被贬的不止韩愈一人，同行的还有张署。张署是河间（今属河北）人，长于文词，当时也任监察御史，遭人陷害，与韩愈一起被罢官。韩愈贬阳山，张署贬临武（今湖南临武东），同是天涯沦落人，这一次两人结伴同行，在路途中也有个照应，自然比一个人出发好很多，两人从此成了好朋友。

一路上风餐露宿，走得很坎坷，两人几次被颠簸于马下，韩愈痛得无以复加，张署则号啕大哭。夜晚憩息于终南山下，两人同卧一席，因为是贬谪之人，照例有士卒押送。这些士卒头足相顶睡在一起，就睡在他俩身旁。当这些押送的兵卒鼾声大作时，韩愈和张署却辗转难眠，即便刚刚入睡一会儿，又马上被噩梦吓醒，两个人一连多天都是失眠。

一路上，愤怒和悲痛的心情始终困扰着两人，他们终于翻过座座大山，来到了洞庭湖畔，洞庭湖方圆八百里，无边无际，沙鸥翔集。极目远眺，水天一色，浊浪排空，如此的美景，不由得让人心情为之一振。

但是，上任的日子马上就要到了，时间紧迫，面对如此美景，韩愈和张署此时却没有心情观赏。

他们一行弃马乘舟，继续前行。小船在洞庭湖上快速行驶，南至湘水，到了屈原殒命的汨罗江。

汨罗江源出江西，向西北流至湖南湘阴县磊石山入洞庭湖，相传江上屈潭为屈原自沉处。韩愈伫立在汨罗江畔，触景生情，思潮激荡，想起了忠而被谤、信而见疑，最后不得不以死抗争的屈原，于是写下了《湘中》诗：

猿愁鱼踊水翻波，自古流传是汨罗。
蘋藻满盘无处奠，空闻渔父扣舷歌。

同为忠臣，竟沦为如此结局，千年之后，没有人知道屈原确切的投江地点，以至于后人想祭奠一下，也不知道该去哪里，屈原身后如此悲惨，真让人唏嘘。韩愈对屈原如此顶礼膜拜，当然也是出于对自己颠沛流离、屡遭碰壁的命运的悲叹。

第九章　为民造福

经过了无数的困难，克服了重重险阻之后，韩愈终于来到了阳山。在没有来阳山之前，韩愈知道，偏僻的阳山，一定是一个穷乡僻壤。当他来到这里之后，才发现这里的贫穷远远超出了他的想象。

他在《送区册序》中说，阳山乃是天下贫穷之地，陆地多丘陵，因山高林密，常有虎豹出没；江流湍急，暗礁甚多，利如剑戟，小船因触礁而破碎沉没者时有发生。县城所在之地竟无居民，也没有丞尉之类的官员，县衙就设在“夹江荒茅篁竹之间”，周围只有小吏十余家。韩愈刚来到这个地方，就发觉这里的人相貌、语言都与中原差别很大。阳山老百姓的话嘈杂难懂，不知道在说什么。

除此之外，阳山天气炎热，火辣辣的太阳也使韩愈感到阵阵发晕。瘴疠之气一天到晚不散，夏季刮的热风使人坐卧不安，滚滚雷声，再加上肆无忌惮的狂风，令人心生悲凉。在这样的环境里生活，韩愈更加痛苦。

可是即使是处在这样艰险的地域环境之中，韩愈依旧没有放弃自己的理想。既然是朝廷命官，就得造福于百姓。既然被贬谪到地方为官，就要为当地百姓做一些事情。

韩愈一生被贬谪多处：阳山、潮州、袁州等地，可是无论身在何地，他为官都踏踏实实，清清白白，体察民情，关心民间疾苦，所到之处，民心归服，为当地百姓所爱戴。

韩愈被贬阳山，本来就是为民请命得罪权贵所致，虽也有一肚子的不高兴，可并没有影响他忠君爱国、一心为民之心。韩愈在阳山做县令一年多，常常深入到附近的农舍，在与老农同饮一碗酒的同时，顺便了解民情，调查民意。

他在阳山时，写下了《远览》一诗：

所乐非吾独，人人共此情。
往来三伏里，试酌一泓清。

他在诗句中表述了他与民同乐的惬意情怀。除此之外，他想问题办事情也总是从人民利益、国家利益考虑。为了让更多的山区群众吃到食盐，他反对食盐由国家专卖；为了减轻人民的负担，他更几次陈书朝廷减免赋税。

韩愈什么事都要过问，甚至对于普通百姓的家事也要进行调解。当年阳山县有两个姓吴的亲兄弟，都已过六旬，满头白发。

本来他们合住在一起，共同奉养老父，关系一直不错。等到老父去世，兄弟二人因分家产生矛盾，闹得沸沸扬扬。族人出面调解也不行，于是官司打到了韩愈这里。

韩愈仔细看过吴氏兄弟递上的诉状，知道这对老年兄弟都是良善之人，虽因争家产而打官司，可是感情基础还在。于是，他放下手中的诉状，并不向两兄弟询问诉讼的缘由，而是命衙役取过一面铜镜子，放在两兄弟面前，问他们："镜子里的两个人长得像不像？"

两兄弟回答："像。"

韩愈又问他们："你们两人是亲兄弟吗？"

两个姓吴的老头答："是。"

韩愈听了他们的回答之后，长叹一口气，用很伤感的语气说："我真羡慕镜子里面的兄弟二人，能够携手到老，在晚年还能体会到亲兄弟的手足之情。可是我的哥哥早年过世，使我失去了骨肉同胞，永远失去了手足之情。兄弟之情是无价的，假如为了争夺家产而失去了它，那么将会悔恨一辈子啊，得到再多也没有用啊。"

韩愈的一番话深深打动了两兄弟，他们惭愧地低下头，表示以后再也不会争夺家产了。

韩愈被贬阳山的时候，看到阳山教育落后，便收区册、区弘、刘师命等为徒。从此以后，跟从韩愈学诗、学文、学道的人越来越多，在阳山形成了弟子盈门的局面。这是在韩愈的倡导和实践下形成的一种新风尚，韩愈与学生之间也建立了深厚的友谊。对区弘，韩愈赠诗云："业成志树来颀颀，我当为子言天扉。"表达对他的殷切期望。

韩愈与区弘的师生情谊，正如张籍《送区弘》诗云："韩公国大贤，道德赫已闻。昨出为阳山，尔区来趋奔。韩官迁法曹，子随至荆门。韩入为博士，崎岖从羁轮。”

韩愈在任阳山令期间，致力发展教育文化事业，“革阳山鸟言夷面之陋”。虽然阳山地处偏远，能懂琴瑟者甚寡，但他还是与邑之文士“切磋砥砺，通读诗书”，使阳山出现一派“彬彬儒雅”之景象。韩愈在阳山的时间很短，但是，一千二百多年来，阳山人民为纪念韩愈，把原牧民山改名贤令山，并在韩愈涉足的地方建起了读书台、钓鱼台，修建了韩公祠，以此作为缅怀。

第十章　重回京师

唐宪宗继位以后，改年号为元和。改朝换代之际，很多过去的权贵遭到贬谪，自此，韩愈才有机会被调回京师，重新起用。

韩愈在从阳山回京师的路上，得知好友刘禹锡、柳宗元等人被贬谪蛮荒，心情又开始郁闷了起来。他与这两个人之前有过矛盾，可是这么多年过去了，当年的一点矛盾都已经不重要了。

所以，在江陵任判司后，韩愈看望了从京城前往贬谪之所的刘禹锡，两位老朋友相互叙说着离别以来的情形，心中充满了感慨之情。

韩愈任江陵判司后不久即升为国子博士，一路风尘地前往长安，准备好好干一番事业。然而事情并非那么顺利。俗话说，树大招风，这个时候的韩愈在社会上已经声名远扬了，因此他遭到很多人的嫉妒，又因他的性格过于刚直，所以招来很多小人的仇视，正应了那句话“才高人愈妒，过洁世同嫌”。

韩愈回到京城不久，就卷入了一场是非的漩涡之中。李翱《韩愈行状》云：“……入为权知国子博士。宰相有爱公文者，将以文学职处公，有争先者，构公语以非之。公恐及难，遂求分司东都。"

郑纲任宰相后，要给韩愈一个文化上的重要官职，可能就是翰林学士，或者是弘文馆、集贤院和史馆之类，都是文学之士以文词加身、引为荣耀的职务，为此嫉妒的小人不在少数，他们纷纷"构公语以非之"，在宰相面前对韩愈进行诬陷。对于这件事，韩愈在《释言》中有详细的说明：

元和元年六月十日，愈自江陵法曹，诏拜国子博士，始进见今相国郑公。公赐之坐，且曰："吾见子某诗，吾时在翰林，职亲而地禁，不敢相闻，今为我写子诗书为一通以来。愈再拜谢，退录诗书若干篇，择日时以献。于后之数月，有来谓愈者曰："子献相国诗书乎?"曰："然。"曰："有为谗于相国之座者曰：'韩愈曰：相国征余文，余不敢匿，相国岂知我哉!'子其慎之!"

这段话的大意是，韩愈自江陵回到长安，谒了郑纲，郑纲让他把写过的诗文誊抄一遍拿来，韩愈就照着做了。不料数月之后，有人来问韩愈："你给相国献诗书了吗?"韩愈回答说："献了。"那人说："有人在相国面前诬陷说：'韩愈沽名钓誉，跟别人说相国向我要诗文，我不敢隐匿，相国怎么知道我的才华呀!'你可要小心为上啊!"

这样的诬陷让宰相大怒，所以郑纲也不再授予韩愈官职。可是诬陷还没有结束，还有更厉害的在后头。

又过了一段时日，又有人来跟韩愈说："有人在翰林学士李吉甫、中书舍人裴垍面前说你的不是，你可要小心啊！”

没多久，李吉甫升任宰相，又有人告诉韩愈：“郑纲当宰相，已经有人在他那里说你的坏话，如今李吉甫又当宰相，你可要小心了。”

诬陷就这样继续发酵，最后到了人身攻击的地步，韩愈不得不对谗言进行驳斥与反击。韩愈虽然一一自解，并对谗言小人的种种歪理进行了驳斥，可是他仍然不能完全释然于怀，与其在长安，使制造谗言的人不断生出更多的种种口实，不如远离这个是非漩涡，以保持自己的清廉。

这时，孟郊因为河南尹郑余庆之荐，而为水陆运从事，李翱为国子博士分司东都洛阳，两个好朋友都在洛阳，于是韩愈便请求分司东都，提出愿意到东都洛阳任职，申请递上去没几天，新的任命就下来了。

第十一章　分教东都

元和四年（809 年）六月，韩愈如愿以偿，做了都官员外郎，去了洛阳，结束了之前遭人诬陷的不堪生活。

都官员外郎隶属于尚书省的刑部，其地位低于都官郎中，定员一人，其职责是辅助都官郎中“掌配没隶，簿录俘囚，以给衣粮药疗，以理诉竞雪冤”。东都的官制仿于长安，可是规模很小，所管的事务也少得可怜。具体到韩愈所任的都官员外郎时，所负责的公事就更少了。

从官阶来看，都官员外郎是从六品上，比他任国子博士时的正五品上阶还低了两阶，待遇也随之下降，加之老小十数口人，因此，韩愈一家人的生活比较拮据。

好在东都的最高长官——东都留守郑余庆是韩愈的好朋友，韩愈曾三次为郑氏的属吏：韩任国子博士的时候，郑为国子祭酒；韩任东都国子博士时，郑兼管东都国子监；韩为都官员外郎时，郑兼为东都留守。因此，韩愈说：“余庆待愈每加礼焉，非以其三为属吏耶？”

他曾经写过这样一段文字：“三得为属吏，朝夕不离门下。出入五年，窃自计较受与报，不宜在门下诸从事后。”

韩愈擅长写文，郑余庆擅长书法，两个人经常创作合璧之作，如元和七年（812年）所立的《襄阳郡王路公神道碑》和《左常侍路公碑》，都是韩愈撰文，郑余庆书写。

韩愈因为受当地最高行政长官的关照，在东都任职时期，工作十分轻松，同时远离了京城的政治迫害，韩愈心情舒畅，名诗佳作频出。

如元和五年（810年）春天所作《东都遇春》：

少年气真狂，有意与春竞。行逢二三月，九州花相映。
川原晓服鲜，桃李晨妆靓。荒乘不知疲，醉死岂辞病。
饮啖惟所便，文章倚豪横。尔来曾几时，白发忽满镜。
旧游喜乖张，新辈足嘲评。心肠一变化，羞见时节盛。
得闲无所作，贵欲辞视听。深居疑避仇，默卧如当暝。
朝曦入牖来，鸟唤昏不醒。为生鄙计算，盐米告屡罄。
坐疲都忘起，冠侧懒复正。幸蒙东都官，获离机与阱。
乖慵遭傲僻，渐染生弊性。既去焉能追，有来犹莫骋。
有船魏王池，往往纵孤泳。水容与天色，此处皆绿净。
岸树共纷披，渚牙相纬经。怀归苦不果，即事取幽迸。
贪求匪名利，所得亦已并。悠悠度朝昏，落落捐季孟。
群公一何贤，上戴天子圣。谋谟收禹绩，四面出雄劲。
转输非不勤，稽逋有军令。在庭百执事，奉职各祗敬。
我独胡为哉，坐与亿兆庆。譬如笼中鸟，仰给活性命。
为诗告友生，负愧终究竟。

其中谈到“幸蒙东都官，获离机与阱”，为脱离谗言诽谤而庆幸，但同时也有“深居疑避仇，默卧如当暝。朝曦入牖来，鸟唤昏不醒。为生鄙计算，盐米告屡罄。坐疲都忘起，冠侧懒复正”，“譬如笼中鸟，仰给活性命”这样的诗句，表达了自己很不幸运的生活状态。

韩愈在洛阳致力于古文运动，宣传儒学，日子过得较快乐，其中他认为自己到洛阳后最大的收获是发现了少年才子李贺。

传说，当时年仅十八岁的李贺从近郊昌谷来到洛阳，他带着自己的作品拜谒韩愈。当时，正值中午，韩愈宽衣解带正准备午休，门人递上了李贺的诗稿。韩愈在困倦中不经意地看了一眼，一下子就来了精神，首篇《雁门太守行》的开首两句“黑云压城城欲摧，甲光向日金麟开”使得韩愈惊叹不已。他立即请李贺上座。他们叙说良久，大有相见恨晚之势。

在韩愈的推荐下，李贺顺利地通过了地方的初试，被地方保举到长安参加进士考试。但当时一些人忌妒李贺少负盛名，以李贺父名“晋肃”与“进士”谐意犯讳为由，剥夺了他参加殿试的资格。韩愈听说以后，特别写了《讳辨》一文，为李贺打抱不平。文中说：“父名晋肃，子不得举进士；若父名仁，子遂不得为仁乎？”尽管韩愈的辩护很有力，但仍无多大效果。最后，李贺只能失望而归。

李贺在写下很多震撼人心的作品后，由于长期精神上的苦闷和压抑，在二十七岁时英年早逝。李贺之死对韩愈打击很大，使他心灰意冷地叹息了很长一段时间，后人对李贺寄予了很大的同情，人们都传说他升天为仙去了。

当然，在实际工作中也有很多是非，由于韩愈性格正直，从骨子里接受了儒家思想的熏陶，因此对当时兴盛的佛教徒大加贬抑，以至于得罪了支持佛教的地方当权宦官，引起了一场纷争。

这一事件，见于皇甫湜为韩愈所写的《神道碑》和韩愈自书的《为分司郎官上郑尚书相公启》。综合以上两文记载可知，当时佛教徒得到了宦官的支持，他们扩张和兴建寺院，养了一大批佛教徒，已严重影响了财政支出和社会经济发展，韩愈对此表示坚决反对，并加强管理，对佛教徒限时出入，追捕和斩杀了部分不良分子，可谓痛下杀手。

由于洛阳的佛教十分发达，所以佛教势力也非常强大，一些宦官参与其中，并兴风作浪，与韩愈作对。郑余庆作为东都留守，并没有很好地控制局面，也没有坚定的立场和果断的手段，所以导致局面有些失控。

鉴于这种情况，韩愈向郑余庆提出申请，希望改换工作，开始郑余庆并没有同意，后来在各方的压力下，最后终于同意。

元和五年（810 年），韩愈做了河南县令。河南县为唐代四京县之一，县令为正五品，因此韩愈算是升了官，可见郑余庆对韩愈的确很欣赏。

河南亦属东都管辖，依旧归郑余庆管辖。河南令与此前被贬连州的阳山令有本质的区别，一方面是县属的级别不一样，官阶也不一样，而最为重要的是，河南比较靠近政治权力中心，更有利于自己今后的发展。愿望虽好，但这一差事并没有想象的那么美好，劳形案牍之余，韩愈又被卷入了一场新的纷争之中。

史书记载，当时魏、郓、幽、镇四处藩镇都在洛阳设有府邸，并有自己的军事武装，这些府邸相当于现在的军事办事处，隐匿潜藏一定数量的军人，起相互牵制、军事联络的作用，他们是藩镇割据的潜在势力，经常里应外合，引起军乱。

而在平时，这些府邸拥兵自重，经常寻衅滋事，骚扰百姓，被视为地方的一个祸害，当地官员对此也毫无良策。韩愈对这一现象早有提防，十分痛恨军士的罪恶行为，做了河南令之后，他打算对这些人进行收拾，动前人所不敢动，以巩固地方政权，解决朝廷的后患，并且为百姓除害。

正当韩愈思考良策的时候，机会来了。有人来告状说，有军人辱骂他的妹妹和妻子。韩愈愤而上书他的长官郑余庆称："对于这样的行为，作为军官，能不追以责问吗？能不愤怒地以杖击之吗？作为军人，坐在军营里，操练兵械，保卫城池，待命调遣，这是真正的军人；可是，跑到作坊市场当中卖烧饼，而又称作军人，这是什么军人？我认为这一定是奸诈之人，用钱财贿赂了将帅和官吏，偷偷摸摸拿走官府文牒，在其中添加姓名，伪造军籍，进而凌驾于地方官府之上。这正是您要制止的，也是作为官吏所痛恨的，即便将这些军人抓来鞭杖，也不为过。”

韩愈准备判定这场官司，并发出拘捕令。可是当时的东都留守郑余庆和河南尹对此都很胆怯，急忙阻止韩愈这样做，甚至要追捕告状者。

韩愈听说之后非常难过，他向郑余庆表示“守官去官，唯今日指挥”。没过多久，郓州的府邸果然发生了叛乱，军士想要刺杀留守，还想滋生更多祸端。幸亏韩愈早有防备，及时应对，方没遭受大祸。

有人回到京城把这件事报告给了宪宗，宪宗高兴地说：“韩愈做得对呀，为官理应如此。”这场叛乱后来得以平息，韩愈也因此给皇帝留下了非常好的印象。没过多久，韩愈便被召回长安任职，这一次，韩愈可谓是因祸得福了。

第十二章 多言惹祸

韩愈为官清廉，重视调查研究，尤其是喜欢为别人排忧解难，爱帮助别人，替人洗刷冤屈，可是，人非圣贤孰能无过，韩愈偶尔也会出现因为调查不明而妄下结论的错误。虽然这样的错误不是有意而为，但却给他带来了非常不好的影响。对于自己出现这样的错误，韩愈总是深刻地反思自己的过错，警告自己以后不能再犯。

韩愈是一个正直之人，常因多言而惹下大祸。

元和七年（812 年）二月六日，韩愈由于办错了一件事，从职方员外郎降为国子博士。他在职方员外郎任上还不到六个月，就犯下如此大错，这完全是由于自己调查不力，爱打抱不平所导致的结果。

原来，华阴县令柳涧徇私舞弊，被华州刺史阎济美弹劾停职，可处分还没正式执行，阎济美却受某事牵连而被罢了职务，被逼搬出府邸，居住在公馆里。

柳涧一见阎济美失去了权势，便挟私报复，煽动百姓挡道索要军需粮食，动静一时闹得很大。接任华州刺史的赵昌寻根究底，调查清了柳涧的很多违法行为，一封奏疏送到了皇上那里，结果柳涧被贬官。

韩愈到华州出差知道了这件事。他天生就是一个爱打抱不平的人，当他看到很多普通百姓都反对两任刺史，赞赏柳涧时，就私下认为赵昌与阎济美乃一丘之貉，党同伐异，故意排挤柳涧。

他在毫不知道内情的情况下，便报告朝廷，为柳涧伸冤。皇上下诏让监察御史李宗爽调查这件事情。经过反复调查，掌握了柳涧违法犯罪的证据，柳涧从房州司马再贬为封溪尉。

韩愈为柳涧事件付出了巨大的代价，可是后悔已经晚了。不平则鸣是韩愈的一贯作风，但这一回打抱不平由于没有调查清楚真相，替坏人说了好话，招致自己无端被贬。韩愈为此后悔极了，从此以后他思想有了巨大的改变，他彻底认清了官场的黑暗和人心的险恶，不再像以往那样轻狂了，自己变得成熟起来了。

在《赠刘师服》一诗里，韩愈说出了自己的心声。他说，刘师服的牙牢固洁白，很令人羡慕，吃起大肉硬饼来，如斧锯刀截，而自己只剩下十多颗松动而不牢靠的牙齿，吃饭要细嚼慢咽，如牛反刍一般。现在是四十五岁，牙齿慢慢减少，日后进入老境，困难就更多了。不过要是比起姜太公和三国时的虞翻来，自己还是年轻多了。

……

忆昔太公仕进初，口含两齿无赢余。

虞翻十三比岂少，遂自惋恨形于书。

丈夫命存百无害，谁能点检形骸外？

巨缗东钓倘可期，与子共饱鲸鱼脍。

姜太公事周文王时，口里只剩两个牙齿；虞翻出仕于三国时的吴国，也只有十三颗牙齿。韩愈之所以抬出这两个人，毫无疑问是说自己比他们年轻，虽然遇到了暂时的困难，可是总有东山再起的时候。

经历过这样一次深刻的反省，韩愈后来果然不再对政治妄加非议，而是进行深刻的调查研究后再做出结论。如他后来的反对君主迎佛骨等，都是经过深思熟虑后做出的行为。

第十三章 淮西战乱

唐朝前期可谓中国历史上的盛世，但是，经历过“安史之乱”后，唐朝开始由盛转衰。虽然在“安史之乱”以后，朝廷已经对藩镇势力有所警觉，可是削藩依然没有取得实际成效，各地方节度使仍然手握重兵，藩镇割据势力已达到了十分严重的程度。地方节度使时有叛乱行为发生，有的公然抵抗朝廷的命令，甚至相互勾结，对唐朝的政权构成了巨大的威胁。

远离京都的淮西彰义军历来就不服朝廷的管制，元和九年（814 年），淮西节度使吴少阳去世，其子吴元济没有得到朝廷的允许，擅自接管了统帅地方的军政大权，而且四处烧杀抢掠，民不聊生。

宪宗决定派兵讨伐吴元济。元和十年（815 年），宪宗集合十六道兵力讨伐淮西彰义军。吴元济向邻近的平卢军节度使李师道、成德军节度使王承宗求援。李师道向朝廷多次上表请求赦免吴元济，可是都遭到了拒绝，无奈之下，他率领两三千人奔赴寿春，声言帮助官军讨伐吴元济，其实是想援助对方。

李师道平时豢养刺客奸人数十人，给他们丰厚的待遇，这回他将手下的这些为非作歹之徒全部派去，暗中使坏，“攻河阴转运院，杀伤十余人，烧帛三十余万匹，谷二万余斛”，由于这些人作乱，数月之内，淮西久攻不下，于是朝廷出现了主战派和主和派两种势力。

作为考功郎中、知制诰的韩愈也参与进来，他是主战派，他向朝廷上书《论淮西事宜状》，韩愈认为：

以三小州残弊困剧之余，而当天下之全力，其破败可立而待也。然所未可知者，在陛下断与不断耳。

他认为，皇帝的决断十分重要，淮西是一块小地方，指日可破，不可犹豫不决。然后，他从六个方面，为当时主战的宰相武元衡、御史中丞裴度出谋划策，不仅分析了久攻不下的原因，又给出了具体可行的方案。

其一，以前诸道发兵只不过三两千人，势单力薄，而且是背井离乡，属于“劳师以袭远”，不如招募当地土人成军，再加以训练，以代替诸道的客家军。

其二，以前是围绕叛贼州县各置兵马，不如分为四道，每道各置三万人，择要害地，屯聚一处。

其三，应该抓住民心，值此战斗之际，首先要采取攻心战术，不应当过分杀戮，而应喻以圣德，使被吴元济逼迫的守城士卒弃逆归顺。

其四，以前征讨无功都是因为想要速战速决，稍有挫折便停滞不前，如今当有“泰山压卵”的信心。

其五，兵之胜负，重在赏罚，要实行刑赏分明的奖惩制度。

其六，相邻的淄青、恒冀两道有可能救助吴元济，如他们敢出兵相助，便“赦元济不问，回军讨之”，两道自然不敢妄动。

从以上论状可以看出，韩愈不光有破敌的坚定信心，而且还颇具军事才能。

没多久，平卢军节度使李师道又使奸计，派刺客到京城刺杀主战的统帅武元衡和裴度，武元衡被杀死，而裴度也身受重伤。事情一出，震动了整个朝廷，同时也激起了大臣们的极大仇恨。国难当头，很多朝廷官员都挺身而出，发表自己的见解。

当时白居易第一个上书，请急捕奸贼以雪国耻。紧接着，韩愈也上书《论捕贼行赏表》。朝廷立刻下达悬赏令，令曰："有能捉获贼者，赐钱万贯，仍加超授。”六月，在宪宗的支持下，升至中书侍郎、同平章事的裴度出兵淮西。这正是韩愈所盼望的事情。

由于吴元济据城死守，淮西战事还是遇到了很大的困难，过了很长时间也没有出现转机。

这个时候，由于督战的原因，裴度被任命为宰相。元和十一年（816 年）正月，韩愈在任郎中两年后，升为中书舍人。中书舍人属于中书省，其地位仅次于中书令和中书侍郎，正五品上，“掌侍奉、进奏、参议、表章，凡诏旨、制敕，及玺书、册命，皆按典故起草”。

中书舍人在明朝进一步发展，地位很高，权力很大，其性质已发生了根本的变化，然而在唐朝的时候却不是这样的，定员只有六个人，其地位也没那么重要，是名副其实的“文人之极任，朝廷之盛选”。许多当朝名士多是由此职节节攀升的，裴度也是这样。并且，更重要的是，韩愈在中书省任中书舍人，加之与执掌国柄的裴度对战事的一致立场，更加密切了两个人的关系，这对他下一步的仕途进展帮助很大。

可是，由于朝廷在淮西等战事上的立场并不坚定，韩愈也受到了很大的影响。当年五月十八日，在任中书舍人还不到六个月，他就被罢了官，改为太子右庶子。

之所以出现这样的情况，主要是由于当时宰相中有主和者，他们与主战的裴度等人的意见不合，韩愈自然也是其对立面，为主和者所厌恶。

加之战事拖的时间非常长，主战方越来越被动，作为当初上表主战的韩愈，自然成了替罪羊，被贬出中书，也正是因为这个原因。

至于韩愈被贬的具体口实，是因为一个叫裴均的人。这个人贪赃枉法，为时人所怨恨，然而韩愈在任江陵府判司时，受到了裴均的善待。韩愈很感激他，在裴均的儿子回乡探父前，为其作序，并直呼裴均的字，所以他被疑为裴均的党羽。“不悦愈者”便以这件事为由头，贬了韩愈的职。

韩愈新任的太子右庶子，是东宫内官，东宫是皇太子居住的地方。太子右庶子隶太子右春坊，属于正四品下阶，定员一人。其官阶有所提高，而且很轻松，远离了权力斗争的是非之地。然而以韩愈的个性，他并不能忍受这种平淡的日子，他一直关注着战事和政局的变化，韬光养晦，等待着新的复出。东宫赋闲期间，韩愈写了很多作品，每部作品都寄托了自己的思绪。

《和席八十二韵》是韩愈由中书舍人初贬为太子右庶子时所作的诗。

绛阙银河曙，东风右掖春。
官随名共美，花与思俱新。
绮陌朝游间，绫衾夜直频。
横门开日月，高阁切星辰。
庭变寒前草，天销霁后尘。
沟声通苑急，柳色压城匀。
纶綍谋猷盛，丹青步武亲。
芳菲含斧藻，光景畅形神。
傍砌看红药，巡池咏白蘋。
多情怀酒伴，余事作诗人。
倚玉难藏拙，吹竽久混真。
坐惭空自老，江海未还身。

虽然诗句多为写景状物，但是也可以窥见“多情怀酒伴，余事作诗人”、“坐惭空自老，江海未还身”之类的无奈，触景生情，更加反衬出韩愈的无限悲哀。

席八即席夔，元和十一年（816年）与韩愈同掌制诰。特别让人悲愤的是，韩愈的谪词即席夔所草。

好友告别，被贬闲职，估计每个人的心情都很悲痛。韩愈在东宫待了一年多时间，他在观察着朝廷的变化。淮西的仗还没有取得胜利，双方一直在对峙，主要原因之一就是由于朝廷态度的徘徊不定。

宰相李逢吉是著名的主和派，常常在中间调拨，他害怕讨伐成功而让裴度夺功，竟然用计暗中破坏。

元和十二年（817年）七月，李逢吉被罢相，主战的裴度得以主持国务，将要亲自率军大举进攻淮西。在裴度的推荐下，韩愈被委任为以太子右庶子兼御史中丞，充彰义行军司马，赐三品衣，随军出征。

这次出征，对于饱读诗书的韩愈来说意义非凡，元和十二年（817年）八月三日，韩愈跟随裴度的讨逆大军奔赴淮西战场。

出征前，裴度在宪宗面前立下了誓言，大有"不破楼兰终不还"的气势，作为一个文人，假如没有强烈的爱国之心，是不会投笔从戎的。这次出征，韩愈兼任御史中丞，其主要任务在于整顿军队纪律，制定赏罚规定。对于韩愈而言，这个官阶是非常好的，五天之后，征讨大军路过西岳华山，为了表达征讨的决心，几位将领拜了西岳华山庙，然后在华山石壁上题名。

参加题名的有：淮西宣慰处置使、门下侍郎、平章事裴度；副使、刑部侍郎兼御史大夫马总；行军司马、太子右庶子兼御史中丞韩愈；判官、司勋员外郎兼侍御史李正封；都官员外郎兼侍御史冯宿；掌书记、礼部员外郎兼侍御史李宗闵；都知兵马使、左骁卫将军、威远军使兼御史大夫李文悦等。

从题名的顺序来看，韩愈排在第三位，可见其地位之重要。这次题名，和以往不一样，基本上相当于一次誓师——即便血洒疆场，也有华山为证。从此以后，大军一路东行，出潼关，过寿安，经洛阳、荥阳，之后挥师南下。

在襄城，大军受到了固守淮西的彰义军的阻挡，但叛军很快被裴度的大军击退。最后，大军驻扎在郾城。叛匪吴元济所盘踞的淮西，包括蔡州、申州、光州，地域不是很大，然而却易守难攻。

吴元济的老窝在蔡州，与郾城相距百余里。韩愈随军所做的第一件事情，就是说服宣武军节度使韩弘共同迎敌。韩弘于元和十年（815 年）被委任为淮西驻军行营都统，相当于副统帅，可是参讨诸军为了保存自家军事实力，常常敷衍了事，甚至希望战事拉长，以便火中取栗，这也正是淮西叛匪久攻不克的根本原因。

韩愈曾在汴州入幕府，故主动申请专程赴汴州，他劝说韩弘应全力配合歼灭淮西叛军的军事行动，得到了韩弘的赞同。这以后大军打了多次胜仗，不难发现，这与韩愈的努力是分不开的。

由于连连获胜，大军士气高涨，加之裴度指挥和用人有方，朝廷所派的军队取得了很多胜利，包围圈进一步缩小。特别是作为主力军将领的唐州、随州、邓州节度使李愬，充当了讨伐的急先锋，立下了汗马功劳，他消灭了淮西将军孙献忠部，并生擒了头目孙献忠。

韩愈清楚，蔡州精兵都聚集在蔡州边界抗击官军，而守城者都是一些老弱病残，而且人数也很少，只有一千多人，便多次告知丞相裴度，请求率精兵三千人，偷偷从小道进入，他认为此举一定能生擒吴元济。

但是，丞相尚未派兵出发，而李愬已经派其兵士夜入蔡州偷袭，三日之内活捉了叛匪头目吴元济。与此同时，忠武军节度使李光颜在洄曲阻击他州援军，又破淮西精兵万余人。紧接着，朝廷军队乘胜追击，以秋风扫落叶之势，降伏了另外的申、光两州的所有残部。至此，整个战事基本结束。

淮西战事结束以后，还有与淮西紧挨着，也曾久攻不下的成德军节度使王承宗部。一次，一个叫柏耆的老汉拜见韩愈，献出妙计，韩愈听后大喜，赶紧将这一计策告知丞相裴度。

计称："淮西已灭，王承宗胆破，可不劳用众，宜使辩士，奉相公书，明祸福以招之，彼必服。"

裴度认为此计甚妙，遵照此计行事，王承宗果然惊慌失措，马上上表愿意割德、棣二州献于朝廷。淮西战争终于结束了，除去了宪宗的心头之患，这是"元和中兴"的一个最重要的事件。在这一事件中，裴度领导有方，而韩愈也发挥了积极作用，深得后人赞赏。

第十四章 耿直忠臣

在中国古代，皇帝对臣民有绝对的生杀予夺之大权，无论是谁，都只能在君权之下行事，所以，讨好君主就成为那些善于拍马屁的小人们最擅长的伎俩。

韩愈性格耿直，眼里容不得沙子，对于自己看到的令人难以认同的事情，特别是对于那些臭名昭著的达官显贵，简直是恨之入骨。他常常向皇上告状，有时据理力争，不给皇上一点面子，搞得皇上很反感，甚至动了杀掉韩愈的念头。韩愈在任国子博士期间，就因为行为鲁莽差一点丢了性命。

崔立之和韩愈关系较好，都在朝廷做官，当时，崔立之担任蓝田县丞，他请韩愈写一篇《蓝田县丞厅壁记》，以表彰历届蓝田县丞对本县人民所做的功绩。

于是韩愈向他了解县丞们的功绩，哪知崔立之却说，他虽是朝廷命官，却是一个名副其实的无名小卒，他这个县丞职务一点都不重要，全县事务尽归县令统管。他还说，全国所有的县丞差不多都是这样的，没有任何实权。

崔立之初任县丞时，还胸怀大志，几经碰壁后便心灰意冷，随波逐流，安心做一个平平凡凡的县丞。

崔立之向韩愈诉说着自己的不幸，这引起了韩愈的极大关注。于是韩愈在《蓝田县丞厅壁记》中说，县丞的职责是辅佐县令，对一县的事都要有所了解，丞下面的主簿、县尉都有自己的职责，可是如今县丞因地位接近县令，为避免夺权之嫌，对县里的事不管不问。发公文时，小吏抱着县令签署过的案卷到县丞那里，卷起前边，用左手夹住，用右手展开末尾部分，推到县丞面前，直立着，斜眼看着县丞说："该你签名了！"县丞拿起笔看好位置签上名字，然后小心翼翼地问："这样可以吗？"小吏说："可以。"便转身离去。县丞不能看一下公文的内容，位置虽高，权势反在主簿、县尉之下。

韩愈在《蓝田县丞厅壁记》中，把县丞崔立之的不幸遭遇详细写了出来，崔立之在县衙里把庭院彻底打扫一遍，东西两边栽上两棵松树，天天吟哦于其间。有人来问事，他回答说："我正有事，你先回去。"崔立之本想尽心尽力办点正事，却无奈时运不济，原因不在于自身，而在于朝廷设官用人有很多不正确的地方。

韩愈绘声绘色地描绘了唐代县衙的官场情况，详细地叙述了崔立之的遭遇，目的在于抨击唐王朝体制上的弊端和痼疾。

这篇文章虽然写的是崔立之的故事，可是，却直接抨击了唐朝官僚体制的弊端，毫无疑问，这是对皇帝的一种批评，虽然韩愈用心良苦，可是却还是触怒了皇帝。

由于职业的原因，韩愈在任史官时，阅读了大量古文经典。他阅读古书，想着当今时事，有时会借史来讽喻，使感慨发于笔端。

韩愈写《读东方朔杂事》，是为了讽刺宦官吐突承璀像东方朔那样，借皇上的宠信而玩弄权术。东方朔在汉武帝时官至太中大夫，以奇计玄术被汉武帝所赏识，因他滑稽诙谐，被方士们附会为神仙。韩愈认为东方朔不是一个君子，为人虚伪，而皇上却不批评指正。

元和四年（809 年）秋，成德军节度使王承宗听从魏博节度使田季安的挑拨，囚禁了保信军节度使薛昌朝，宪宗派人晓谕王承宗，让他释放薛昌朝，没想到，王承宗竟然公开反抗。

宪宗非常气愤，派宦官吐突承璀率兵攻打。翰林学士白居易上奏，称国家征伐当责成将帅，不可令宦官统军，以免被天下人耻笑。可是宪宗却一点儿也听不进去。

吐突承璀不是领兵打仗的料，出师不久，就打了几次败仗，无奈之下他便派人密告王承宗，只要上疏待罪，自己就立刻返回京师，并担保他没事。

王承宗果然照办，吐突承璀便班师回朝，仍任禁军中尉。大臣段平仲抗疏，请斩吐突承璀以谢天下。宪宗不得已，降他为军器使，不久又升为左卫上将军。

吐突承璀贬官后不思悔过，却恃宠更加嚣张。韩愈所写的“正昼溺殿衙”正是借用东方朔曾醉入殿中，小遗殿上的故事，暗喻唐朝的宦官玩弄天子于股掌之中。

韩愈在这期间还写了《游太平公主山庄》，其目的是抨击达官显贵为非作歹的不良行径，太平公主是武则天的女儿，先嫁薛绍，后嫁武攸暨。玄宗为藩王时，曾与太平公主诛灭韦皇后，太平公主一度权倾朝野，每上殿奏事时间都很长，她不告退，天子便不退朝，凡她建言之事，天子都要照办，她推荐的人用不了多久，便从寒士升至侍从，升为将相者，更是数也数不过来。她广有财产田园遍布近郊，都是上好之田；珍禽异兽，到处可见，游玩作乐时所用伎乐的规模与天子基本一样。

太平公主最后因谋反而被赐自尽。这段历史距韩愈正好一百年，加上是本朝历史，韩愈一点儿也不陌生，所以写起来便能一语道破。

公主当年欲占春，故将台榭压城闉。
欲知前面花多少，直到南山不属人。

当年太平公主一意孤行，有意将台榭修得比京师城门外的曲城还高，她种的花从城墙一直到南山，如此的不讲礼数，确实没有人可以比拟。

韩愈只写现象，不便于议论，可是寓意却是显而易见的，即那些张狂的当权者必然得不到好下场，这是对达官显贵无耻行为的一个强烈嘲讽。

韩愈还在《马厌谷》一诗中写道：

马厌谷兮士不厌糠粃；土被文绣兮士无短褐。

彼其得志兮不我虞，一朝失志兮其何如？已焉哉，嗟嗟乎鄙夫！

事实上，这首诗是根据刘向《新序》而写的：燕国宰相因有罪被赶出朝廷，他召集门下诸大夫说，谁愿意随我出朝？有一位大夫讽刺他说，去年全国遭了灾荒，我们这些人只能吃糟糠，而你的犬马却吃得比我们好；天寒地冻，士子们连短袖都穿不上，你的楼阁台榭，却是重帘翠幕，看起来很温暖。你看重的是自己的财富，士子们看重的是道义，你不愿施舍自己的钱财，却想得到士子们无私的帮助，这不是很可笑吗。

燕国宰相听了，十分愧疚。韩愈这一比喻真是再恰当不过了，一语道破天机，有权势者不重视人才，在他们眼里，根本不把人放在眼里，因此关键时刻自然也就没有人愿意跟随他们。

韩愈写的这些文章，都是对当权者的一些讽喻和警告，揭露了十分深刻的社会问题。毫无疑问，他的这一做法也直接惹恼了很多当权者，但韩愈却一点儿也不害怕，依旧置若罔闻，我行我素，执著地坚持着自己的立场。

当朝皇帝俯首天下，虽然在颜面上觉得韩愈所做有点过分，可是认真反思，实际上还是为李家王朝着想。因此，对韩愈也就没有继续追责，只是在心里感到不快罢了。

古代的文人学士，不管是屈原、司马迁、李白、杜甫，还是韩愈，都敢于为维护正义而与当权者对抗，并都为此付出了巨大的代价。司马迁以屈辱的宫刑代替死刑。杜甫也险些被斩首，幸亏宰相张镐为他辩护，方才保住小命。而李白，也险些被高力士、杨贵妃之流所害死。他们所共同拥有的，都是一颗忠君爱国之心，正是这颗忠君爱国之心，他们没有随波逐流，而是逆流而上，敢于置生死于度外，这反映了他们为国家强盛，敢于牺牲自己的品质，这种品质使他们成为一个时代的中流砥柱，成为当时正义的化身。

第十五章　再次被贬

韩愈自元和十二年（817 年）十二月二十一日被任命为刑部侍郎，元和十四年（819 年）正月十四日便被贬为潮州刺史，此次被贬的主要原因，是由于他写了一篇《论佛骨表》。

唐代中后期，几代皇帝都喜欢佛教，宪宗听说无忧王寺（即扶风法门寺）塔中，有佛指骨寸余，相传是释迦牟尼的指骨，又叫佛舍利，释迦牟尼火化后留下此物，被信奉佛法的各族人分送四方供养，法门寺佛骨便是其中的一部分。

唐宪宗和其他皇帝一样，恋佛成病，所以就有了迎佛骨的事情。

这年春节刚过，宪宗命宦官杜英奇携宫人手持香花，把佛骨从法门寺迎入大内，供奉三天之后，又送回佛寺。

宪宗晚年非常崇信佛、道，又笃信神仙。他曾在元和十三年（818 年）十月颁布求方士的诏书，得到了一位叫柳泌的人。柳泌信口胡诌，说要到天台山采灵芝炼长生不老之药，宪宗竟信以为真，荒唐地任命柳泌为台州刺史。

一个没有任何从政经验的江湖术士被任命为朝廷命官，这自然引起了很多人的不满，可是宪宗专政，谁的意见也不听。

上有所好，下必甚焉。宪宗信佛，便有很多人故意效仿，上至当权者，下至黎民百姓，莫不争相崇奉佛道，瞻仰庙舍，唯恐不周，有人还把财产全部捐献给寺院，以表示自己对佛祖的崇拜。

韩愈本来就讨厌佛、道两教，早年就写有《谢自然诗》，宪宗迎佛骨后，他马上写了《华山女》一诗。

当时长安举城欲狂，城内纵贯南北的朱雀门大街上到处都有讲经的和尚，他们又是敲钟，又是吹号，一直闹到宫廷里去。和尚们大肆宣扬因果报应学说，劝导人们皈依佛门，信佛的善男信女多得像浮萍一样，拥挤在一起，受佛教徒驱使。一些道士们为了拉拢信众，改让女道士粉墨登场，身着冠帔，显得明眸皓齿，艳若桃李。这种装束果然招徕了不少观众，宫廷也骚动了。

韩愈非常担心这种不良风气，经过深思熟虑，他写了《论佛骨表》呈送给皇上。在这篇奏疏中，韩愈指出，佛是夷狄之法，自黄帝以至禹、汤、文、武，皆享寿乐，百姓安乐，而当时并没有佛教。汉明帝时佛教传入中国，结果是乱亡相继，国祚不长。

宋、齐、梁、陈、北魏诸朝，事佛甚勤，年代尤短，梁武帝在位四十八年，先后三次舍身佛寺，后为侯景所逼，饿死台城，国家也随之灭亡。事佛求福，反更得祸，由此不难发现，佛不足信。百姓愚蠢无知，易惑难晓，见皇上这样，以为真心事佛，善莫大焉。皇上乃大圣人，犹如此虔诚，百姓是何等微贱之人，岂敢爱惜身家性命……请以此骨交付有关部门，投诸水火，永绝根本，断天下之疑。

在表文的最后，韩愈动情地说："佛如有灵，能作祸祟，

凡有殃咎，宜加臣身。上天鉴临，臣不怨悔。”在朝野一片迎佛的喧嚣声中，韩愈孤身一人，大张旗鼓地批判佛教，这种无所畏惧的战斗精神，毫无疑问是值得赞赏的。

韩愈在奏章中说，中国古代本来没有佛法之事，只是到了汉明帝时才从西域传了过来。又说历史上凡是信佛的，寿命都不长。这下可不得了，皇上看后十分生气。但是，宪宗最终还是赦免了韩愈，只是把他贬到潮州，这对于韩愈来说，已经是三生有幸了。

裴度在韩愈水深火热之际力挽狂澜，竭尽全力为他说情辩驳，最终说服了皇上，减轻了韩愈的处罚。

五十一岁的韩愈在万般无奈之下，只好奔赴潮州。可是行至陕西的蓝田关时，天降暴雪，车马都不能前行，韩愈的心情也失落到了极点。他举目四望，但见秦岭横卧，千山万壑，前后并无人家，韩愈感到无比孤单。最后，他索性站于山口，任风雪裹挟了全身，整个人沐浴在银色的悲怆中。

就在这时，远远地，一人一骑向这边来了。

那人来到韩愈面前，施了个礼。韩愈定睛看时，才知是自己的侄孙，也就是后来传说中的“八仙”中的一仙——韩湘！他心中一阵喜悦，嘴角一丝苦笑，两种表情，万种悲苦。

韩愈赶紧问韩湘：“你怎知我在此地？”

“得知您被贬潮州，我特意赶来，陪您前往。”韩湘说。

韩愈心中一暖，一丝苦笑泛到嘴边。面对亲人，五味杂陈，于是韩愈写了那首著名的《左迁至蓝关示侄孙湘》：

一封朝奏九重天，夕贬潮州路八千。
欲为圣明除弊事，肯将衰朽惜残年。
云横秦岭家何在，雪拥蓝关马不前。
知汝远来应有意，好收吾骨瘴江边。

诗中说，我早晨给皇帝写了一封奏章，晚上就被贬到八千里外的潮州去了。欲为皇上清除社会弊病，我不顾惜衰朽残年。但云彩横出于秦岭，我的家在哪里？大雪弥漫于蓝关，我的马停滞不前！知道你远道而来，该不是无意来的吧？那么，你就等着在瘴气弥漫的江岸旁，收葬我的尸骨吧！

这首《左迁至蓝关示侄孙湘》，婉转深沉，为后世所传。第一联开头，似乎淡淡写来，简单交代被贬经过，但仔细琢磨，从“朝奏”到“夕贬”，时间仅为朝夕之隔，打击来得也太快了！诗中有怨恨，有委屈，也有一点点后悔。是啊，我为什么要得罪皇帝？“欲为圣明除弊事”，自己明明是为了国家利益，却换得如此下场，这是为什么？为什么？

这首诗的警句是“云横秦岭家何在，雪拥蓝关马不前”。家在哪里？本无须发问，但如今我真的找不到家了，找不到精神家园了。连皇帝都这样不辨是非，我还能指望谁？“云横秦岭”，这是政治障碍；“雪拥蓝关”，这是言路堵塞；“家何在”？我无皈依之地；“马不前”，我无报国之门！

诗的结尾，悲凉至极。南方气候潮湿，水中散出瘴气，我这个北方人，来此必为瘴气所害，本就水土不服，此去必死无疑！孩子啊，你来收我的尸骨吧！

韩愈的悲哀、无奈、凄凉，已无法复述。

虽然韩愈再一次被赶出朝廷，并且已经是体弱多病的老年之躯，又经历了途中的丧子之痛，身心都受到了极大的打击，“年才五十，发白齿落”。然而，当他到了潮州之后，见到当地百姓生活异常贫困时，他很快就放下了为自己的私事而烦恼的不良情绪，全身心地投入到为百姓谋福祉的事业当中。

就气候水土来说，潮州的自然条件倒是比较优越的，可是因为地处偏僻，人们愚昧无知，弊政陋习十分复杂，农耕方式非常落后，乡村学校破败无人。

当时唐律明确规定了“不准没良为奴”，但是，这里却还在进行着人口的买卖，有钱人养奴成风。“岭南以奴隶为货，其荒阻处，父子相缚为奴。”其习俗又多崇鬼神，有病不求药，杀鸡杀狗，求神保佑。看到这样的情景，韩愈心生悲凉，比之于北方的先进文明，这里简直就是一塌糊涂。同为大唐国土，同为大唐子民，韩愈怎么可以看到如此落后的环境却不采取行动呢？

依照当时的礼教，贬臣就好像是罪人服刑，只能踏踏实实地消磨时光，等待机会复出，绝不应主动参与政事，否则就不会有好下场。

然而韩愈还是行动了，他觉得应该完全抛开个人的悲惨命运，以自己的才能为老百姓做一些实事。于是，来到潮州没多久，他连续干了四件事：一是驱除鳄鱼。当地鳄鱼危害严重，老百姓又迷信，只知投牲畜以祭。一天，又有一个百姓被鳄鱼吃掉了。韩愈知道后很着急，心想鳄害不除后患无穷，便命令宰猪杀羊，决定到城北江边设坛祭鳄。韩愈在渡口旁边的一个土墩上，摆了祭品，点

上香烛，对着大江严厉地宣布道："鳄鱼！鳄鱼！韩某到这里来做刺史，为的是保土庇民，你们却在此祸害百姓，如今姑念你们无知，不加惩处，只限你们在三日之内，带同族类出海，三天不走就五天走，五天不走就七天走。七天不走，便要严处！"从此，江里再也没有看见鳄鱼，所有的鳄鱼都出海到南洋去了。现在，人们把韩愈祭鳄鱼的地方叫做"韩埔"，渡口叫"韩渡"，又叫"鳄渡"，还把大江叫做"韩江"，江对面的山叫做"韩山"。二是兴修水利，推广北方先进的耕作技术。韩愈上任时，正逢潮州大雨成灾，洪水泛滥，田园一片白茫茫。他到城外巡视，只见北面山洪汹涌而来，心想这山洪如果不堵住，百姓难免受害惨重。于是他骑着马，走到城北，先看了水势，又看了地形，便吩咐随从紧随他的马后，凡马走过的地方都插上竹竿，作为堤线的标志。韩愈插好了竹竿，就通知百姓，按着竿标筑堤。百姓听了十分高兴，纷纷赶来，岂料一

到城北，就见那些插下竹竿的地方已拱出了一条山脉，堵住了北来的洪水。从此，这里不再患水灾了。百姓纷纷传说："韩文公过马牵山。"这座山，后来就叫做"竹竿山"。三是赎放奴婢。他下令奴婢可以用工钱抵债，钱债相抵就给人自由，不抵者可用钱赎，以后不得再进行奴隶买卖。四是兴办教育。请先生，建学校，甚至还"以正音为潮人语"，用今天的话说，就是推广普通话。在他的努力下，潮州民间读书成风，人才辈出。至南宋时，潮州的科举士子，竟占当地总人口的1/14。他所留下的文脉，潮州人代代传承，使潮州成为一座颇具特色的"韩文化"城市。

韩愈十分关爱船工。那时候，韩江里的放排工，又要扛杉木，又要扎杉排，一会儿跳下江，一会儿爬上岸，身上的衣服湿了干，干了又湿，常常得肚痛病和风湿病。于是他们做工时便索性光着膀子，不穿衣服。每天在江边挑水、洗衣服的妇女，看见放排工赤身裸体，感到很不好意思，就告到官府里去。官府交涉下来，放排工只好照旧又穿上衣服。韩愈来到潮州后，这件事传到了他的耳朵里，他跑到江边实地去看放排工扎排和放排的情形。他想：放排工成天穿着一身湿衣服，不闹出病来才怪呢！回衙后，韩愈便作了个决定，叫人到江边通知放排工：今后扎排、放排时，可以不穿衣服，只在腰间扎块布能遮羞就好了。这块布后来就成了潮州的放排工和农民劳动时带在身上的浴布，潮州人把它叫做"水布"。韩愈在潮州仅仅半年，朝廷就下诏把他调往袁州，在历代潮州地方官中，韩愈不过尘土一粒，然而他在潮州人文史上的影响，却是最重要的。苏轼《潮州韩文公庙碑》云：

始潮人未知学，公命进士赵德为之师，自是潮之士，皆笃于文行，延及齐民，至于今，号称易治。

韩愈到袁州时，作诗《别赵子》，从诗中来分析，赵德好像并不是潮州本土的人，而是当时岭南一带的隐士。有学问，又有研究爱好，欲将南海龙虾以及蚌鱼鳖虫的分类特性“穷究之”，但又仍在孔子教诲的“多识于草木虫鱼”范围之内。赵德对韩愈非常敬重，曾“叙退之文章七十二篇为《文录》”。

赵德有《文录序》一篇，称韩愈为“圣人之徒，其文高出，与古之遗文不相上下”。赵德视韩愈为师，以韩愈之学为毕生所学。

韩愈一向是尊孔的，对孔子的许多言论和行为都表示赞同，孔子的“不以貌取人”的思想也深深地影响了他。韩愈沦落到潮州，其原因是反对皇帝迎佛，从中也可以看出，韩愈还是十分讨厌佛教的。

到了潮州之后，有一天韩愈在街上碰见一个和尚，和尚面貌长得特别丑陋，尤其是翻出口外的两个长牙，让人看到顿觉心惊胆战。韩愈见了，就认为这家伙肯定是坏人，于是打算回去要好好收拾他，敲掉他那对长牙。回到府衙，刚下轿，看门的人便拿来一个红包，说这是刚才那个和尚要送给老爷的。

韩愈打开一看，里面原来是一对长牙，正好与街上那和尚的两只长牙一模一样。韩愈心想，我想敲掉他的牙齿，并没说出来，他怎么就知道了呢？然后马上派人四处寻找那个和尚。

据《潮州府志》记载，该和尚俗姓陈，一云姓杨，名宝通，号大颠，先世为颍川人，生于开元末年，传法者千余人，自号为大颠和尚。

当韩愈得悉此和尚乃灵山寺主持大颠和尚时，不禁心生悔意，他刚莅潮时，就了解到灵山大颠英名，却料不到是这样的初见，而初见的结果却是这么的不快！韩愈不敢怠慢，连忙修书，邀大颠前来潮州相见，畅叙一番，但连续修书三封，却不见大颠踪影。一日，韩愈带了随从，直往灵山而来。

韩愈来到灵山，时已正午，山高林静，小僧引进禅院，大颠离座相迎。大颠见韩大人跋山涉水而来，十分感激，以礼相待。韩愈见大颠为他而凛然去齿，今相见，羞愧、歉意、怜悯之情交织，脸露愧色。寒暄之间，见大颠门牙空洞，口齿露风，不禁连声说："大师，久闻英名，相见恨晚，那天初见，有眼不识大师，更使大师动此伤身之举，甚愧甚愧！"大颠哈哈大笑："小小牙齿，乃身上俗物，大人无须挂念……"

两人交谈甚密，谈古今圣贤，论救世之道，韩愈一住两晚。当韩愈要离开时，大颠依依不舍。时过八月，朝廷下诏召韩愈往袁州任刺史，韩愈又往灵山与大颠作别。

那天，韩愈来到灵山，小僧说师已云游去，不知何日才归。韩愈在寺待了两天，未见大师归来，因任期在即，不能久待，便脱下官袍一副，嘱小童交给大师，以聊表他思念之意。

韩愈别后不久，大颠云游回归，知韩愈已往袁州赴任去了，双手紧紧抱着那官袍，嗟叹不已。此后，这官袍一直保留在身边，直到他圆寂。

后人为了纪念韩愈跟大颠这段千古奇缘，在山上建了一座小亭，叫留衣亭，还用石碑记录了这段动人的故事。潮州古城，也建了一座叩齿庵，以纪念大颠肝胆相照的义举，千年过去，至今叩齿庵香火甚旺。

韩愈一生中与许多和尚有过交往，然而大部分是和尚慕名上门，被动接见。这次主动与大颠和尚交往，最终成为挚友，是他有生以来的第一次。当时他的朋友孟郊不相信韩愈如世人流传的那样已经信起佛来了，寄信问韩愈到底是怎么回事。

韩愈接到孟郊的信后，知道他跟和尚的往来引起了别人的误会，马上回信向孟郊加以解释，并说明他只是结交大颠和尚，并不是相信佛教，而且，韩愈对当时在朝的一班大臣们信奉佛教，不守儒道，一味拿迷信来蛊惑皇帝大大加以抨击。他对皇帝疏远贤人，使儒道中落颇为愤慨。信中有这样的话："百孔千疮，随乱随失，其危如一发引千钧……"即是说如今朝廷普遍信佛，这实在是一件极危险的事，好像一根头发，系着一千斤重的东西，此也即成语"千钧一发"的由来。

韩愈与大颠和尚交友的故事留下了千古佳话。此外，韩愈的半副对联也曾在潮州留下了千古佳话。

刚来潮州时，鉴于潮州穷山恶水，加上官场腐败，社会上恶霸横行，韩愈很想有一番作为，但独木难支，无计可施。一日，面对各地报来的灾情，他又无力解决，感慨之下，想辞官不做了，于是立马便自撰了半副对联：

恶山恶水恶环境，韩退之！退之！

等他想写出下联，却怎么也想不出，因为此联实在太过机巧，将人名与当时环境及心情完全融入联中，想要完整对出下联无异于比登天还难，于是他只好将这半联挂上，向士人求下句，但当地无人能对出，消息在全国传开，士人学子踊跃相对，均显得不妥切。之后朝代变更，而韩退之这半副残联，一直无人能对，被视为罕世绝联。

光阴荏苒，时光一晃，1949年神州大地获得解放，当时谢觉哉任人民政府内务部长，他是一个责任心极强、关心民间疾苦的领导。上任伊始，他就到全国各地视察。有一次，谢觉哉到了潮州，当晚，他下榻在潮州市政府招待所，正读着《共产党宣言》，愈读愈感到爱不释手，大有豁然开朗之感。这时，他手边刚好有韩愈的这半副所谓“绝联”，他顿时茅塞顿开，灵感萌生，就奋笔疾书，写出下联：

好书好句好文章，谢觉哉！觉哉！

“觉哉”对“退之”，对仗工整，堪称一副难得的佳句。所谓“罕世绝联”，到此结束。

第十六章　大赦袁州

韩愈赴潮州任上伊始，就给皇上写了一封《潮州刺史谢上表》，皇上看了之后，十分高兴，打算起用韩愈，可是被宰相皇甫湜的谗言给阻挡了，于是改授袁州刺史。

元和十四年（819 年）七月十三日，朝廷颁发大赦天下令，十月二十五日韩愈接旨准备到袁州赴任。

韩愈一行自潮州出发，取道韶州，因为他的家眷在这里，要将家眷一起接走。之后经过吉州（今江西吉安），于元和十五年（820 年）二月八日抵达袁州。

在此期间，朝廷又发生了重大变故，宪宗被宦官杀害，穆宗做了皇帝，一场新的政治变革和人事变动又在酝酿之中，对于韩愈来说，无法区分是吉是凶。

袁州今属宜春，唐朝属于江南西道所辖，地方狭小。当韩愈得知穆宗登基做了皇帝的时候，已经抵达了袁州。

新的皇帝继位，这意味着新的机会来了。韩愈刚刚得知这一消息，便连上数表及疏状，表明自己的政治立场，以尽臣子之礼，并与朝廷沟通信息。

一为《慰国哀表》，凭吊宪宗。二为《宪宗崩慰诸道疏》，将丧讯告之诸道。三为《贺皇帝即位表》，祝贺穆宗登基。四为《贺册皇太后表》，贺皇太后。五为《贺庆云表》，附会穆宗即位时之祥瑞。六为《皇帝即位贺宰相启》，贺新朝宰相。七为《皇帝即位贺诸道状》，以新帝即位告之诸道。八为《贺赦表》，贺穆宗大赦天下。九为《皇帝即位降赦贺观察使状》，贺江西观察史裴次元履新。

以上诸表皆与帝王更易以及相关的人事变动有关，虽多属例行之事，但他对新朝皇帝及权贵的示好也可见一斑，特别是《贺赦表》称：

臣闻王者必于嗣位之始，降非常之恩，所以象德乾坤，同明日月。……臣某诚欢诚喜，顿首顿首。微臣往因论事，获谴海隅，旋沐朝奖，待罪山郡。未离贬窜之地，忽逢旷荡之恩，踊跃欣欢，实倍常品。

韩愈将“赦”与自己的“贬”相互联系，何曾不是希望早日实现自己的人生理想呢？

他写的《贺庆云表》更是一篇著名的谀辞，文中称：

臣某言：臣所领州，今月十六日申时，有庆云见于西北，至暮方散。臣及举州官吏百姓等，无不见者。五彩五色，光华不可遍观；非烟非云，容状讵能详述。抱日增丽，浮空不收，既变化而无穷，亦卷舒而莫定。斯为上瑞，实应太平。臣某诚欢诚喜，顿首顿首。谨按：沈约《宋书》云：“庆云五色者，太平之应。”又据《孝经·援神契》曰："王者德至山陵，则庆云出。"故黄帝因之以纪事，虞舜由之而作歌。又按季夏六月，土王用事，其日景戌，亦主于土。西北方者，京师所在，土为国家之德，祥见京师之位，既征于古，又验于今。伏惟皇帝陛下，德合覆载，道光轩虞，嗣位之初，祯祥继至，升平之符既兆，仁寿之域以跻。

微臣往在先朝，以论事得罪，身居贬黜之地，目睹殊常之庆，抃跃欣幸，实倍常情。伏乞宣付史官，以彰圣德所致。瞻恋阙庭，心魂飞驰，无任欣抃踊跃之至。谨差某官奉表陈贺以闻。

古代帝王非常关注祥瑞之气，各地官员投其所好，常有附会而邀功者。庆云亦即祥云，五彩五色，毫无疑问是一种自然现象。可是，韩愈以此作为太平盛世的征兆，并引经据典加以渲染，其目的毫无疑问就是讨穆宗的欢心，以期回朝升官之日。可是帝王初即位，根基毫不牢固，一切乱七八糟，恐怕暂时也顾不上韩愈在这个遥远地方所拍的马屁。

但是，韩愈的愿望还是实现了，可是，时间却在一年以后。韩愈在袁州的日子，过得还是比较舒心的，毕竟跟潮州相比，此地已经很不错了。他在袁州做的最重要的一件事，就是解放奴隶。

当地思想落后，很多黎民百姓由于生活困顿，只能卖身为奴，因此袁州有买卖奴隶的恶行。据《韩愈本传》记载："袁州之俗，男女隶于人者，逾约则没入出钱之家。愈至，设法赎其所没男女，归其父母，仍削其俗法，不许隶人。"

按照当地的规矩，家里特别贫穷的人，可以让子女到富有人家当家奴，超过约定的时间不能赎回者，子女将永为富家之奴。

韩愈看到这种情况后，十分生气，便想办法将“永为富家之奴”的穷人子女赎回，归还其父母，并取消这种恶俗，规定不再允许买卖人口。

实际上，以前在潮州为官的时候，韩愈也曾做过这方面的努力，出台“禁绝卖人口”的措施。然而，具体的举州立法实施还是在袁州。

不久之后，韩愈回朝任国子监祭酒时，文中曾经提到：“臣往任袁州刺史日，检到州界内，得七百三十一人，并是良人男女。准律例计佣折直，一时放免。”

通过这段叙述，我们知道韩愈在袁州时期，解放奴婢共有七百三十一人。这些良家子女做奴婢的原因十分复杂，使得买卖奴婢已成愈演愈烈的社会风气。而作为奴婢，被人使唤，常常受到不公正的待遇，一直到老死方才停止。

韩愈回朝之后，仍对解放奴隶这件事情念念不忘，并希望推广于天下，当然，限于当时时局，他这一美好愿望终成一厢情愿罢了。

第十七章 举荐贤才

韩愈从小就乐于助人，在洛阳期间，他曾把进士侯喜推荐给在汝南做官的卢虔。这件事发生在贞元十七年（801 年），韩愈与侯喜等人于洛水垂钓之后，韩愈十分欣赏侯喜的聪明才智，于是写了《与汝州卢郎中论荐侯喜状》一文。韩愈并对此事作了一番说明：

士之修身立节而竟不遇知己，前古以来，不可胜数。或日接膝而不相知，或异世而相慕。以其遭逢之难，故曰“士为知己者死”，不其然乎，不其然乎！

读书人饱读诗书，满腹经纶，然而遇不到知己，这种情况很常见。有些当权者天天与士人接触却不重视他们的才干，只是对前朝的贤士钦佩不已，很多读书人很难遇见一个了解自己的达官显贵，一旦遇上，便拼命相报，所以司马迁才在《报任安书》中说出了“士为知己者死”的豪言壮语。韩愈为推荐侯喜而作的说明，实际上是为侯喜的才华得不到达官显贵的赏识而悲痛。

在韩愈任职国子监祭酒那会儿，他下大力整顿国子监中的学官，一些依靠不正当途径进入国子监的学官，一律免职，一批有真才实学的文人被委以重任。

特别值得一提的是韩愈在袁州写的《举韩泰自代状》。韩愈离开袁州时，推荐了漳州刺史韩泰来代替自己的职务。

韩泰是永贞革新中的代表，曾任掌握禁军军权的神策营司马。永贞革新失败后，他遭到驱逐。元和十三年（818 年）迁漳州刺史，自贬黜至今，已经十几年了，一直未得提拔重用。韩愈在荐举表中说：

自领漳州，悉心为治，官吏惩惧，不敢为非；百姓安宁，并得其所。臣在潮州之日，与其州界相接，臣之政事，远所不如。乞以代臣，庶为允当。

事情已经过去了那么多年，韩愈对永贞革新的记忆已经模糊，而韩泰虽然踏踏实实工作，依旧没完没了地受着惩罚，回天无力，不禁心情郁闷，为他多说几句公道话也在情理之中。这一举荐是发自内心的，或许是这篇表文起了作用，韩泰在长庆元年（821 年），也就是穆宗即位的第一年，便调任到了郴州。

作为封建统治阶级的一员，而且位高权重，在择人做官上，韩愈一点儿也没有统治阶级中的那种嫌贫爱富的心态，他择人做官，完全是依照这个人的才华来论断的，有才的人就可以得到重用，无才无论你出身何等高贵也不予重用。

他为子女和侄女选择的婚嫁对象也很有意思，这些人都不是出身高贵门第的人。他的一个侄女所选择的对象李翱，家境非常贫寒，没有办法完成学业，可是韩愈看他才华横溢，还是将侄女嫁给了他。李翱后来取得了很大的成就。

韩愈对人才的提拔形式也是多样的，即人才不分贫富贵贱，一律量才而用。他认为欲复兴大唐，就必须重视人才，就必须不拘一格地选拔人才，这样才能做到事半功倍，否则舍本逐末，从枝节上去计较，便会劳而无功。

韩愈的挚友张籍早年和韩愈的遭遇一样，虽然才华横溢，但仕途坎坷，已经人到中年，还只是个正九品的教书郎。韩愈上书朝廷，述说张籍的经历，展示张籍才能，后来，张籍得到朝廷的恩准，进入了国子监，并任正五品的国子博士。

第十八章　回京之途

经过两年的贬谪之后，韩愈还能活着回到长安，实在是非常不容易的事情，但是，在这两年里，韩愈经历了非常痛苦的经历，先死了幼女，后又死了侄孙韩滂，这对于一个人来说，是非常难以忍受的悲痛。

韩愈到潮州做官之后，全家也被赶出长安。大侄孙韩湘远道赶到蓝田关，随韩愈去潮州了，小侄孙韩滂也一直跟着韩愈。

韩滂是韩愈二兄韩介的孙子，过继给韩愈的大哥韩会的次子。韩滂生于德宗贞元十八年（802 年），韩会的次子死后，韩滂就一直由韩愈抚养。韩滂死的时候只有十八岁，被寄埋在韩愈所任宜春城南某处。

韩滂死后，韩愈非常悲痛，亲自为这位侄孙写了《祭滂文》和《韩滂墓志铭》。韩滂与韩湘不同，他为人聪明，知书达理，很有修养，深受祖父、祖母喜爱。

正如祭文里所说：

汝聪明和顺，出于辈流。强记好文，又少与比。将

谓成长，以兴吾家。

墓志铭也说：

滂清明逊悌以敏，读书倍文，功力兼人。为文词，一旦奇伟骤长，不类旧常。吾曰：“尔得无假之人邪？”退大喜，谓其兄湘曰：“某违翁且逾年，惧无以为见，今翁言乃然，可以为贺。”群辈来见，皆曰：“滂之大进，不唯于文词，为人亦然。”

不难发现，韩滂是一个非常可爱的孩子，从小经韩愈教育，人品、文词都很出彩，不仅群辈称道，韩愈也把他作为韩氏的继承人来看待。可谁曾料想，去袁州没多久，竟然病死，这是在元和十五年（820年）的夏秋之际。韩滂临死时，还呼唤着自己母亲的名字，思念着报答母亲生养之恩，拉着哥哥韩湘的手，嘱咐哥哥不要太过伤心，要帮助爷爷、奶奶、叔叔等料理好家事，照顾好翁婆。

人生最大的悲痛，莫过于白发人送黑发人，如此的悲哀，如此的打击，怎能不让韩愈这位一生颠沛流离的老人痛苦不堪呢？

韩滂死后，韩愈感到有愧重托，就将韩会次子的遗孤韩湘接到身边与自己同住，并教导他认真读书。但是，韩湘对读书进仕不感兴趣，却对访仙修道执迷不悟，韩愈对此非常痛心。有一次，韩愈在寻找外出访仙的韩湘时，有感而发写了一首诗，诗中说道："两家各生子，孩提巧相如。少长聚嬉戏，不殊同队鱼。年至十二三，头角稍相疏。二十渐乖张，清沟映河渠。三十骨骼成，乃一龙一猪。一为公与相，潭潭府中居。一为马前卒，鞭背生虫蛆。问之何因尔？学与不学欤！"希望侄孙能有觉悟。

谁知韩湘回家见到诗后，也写了一首诗来言志。诗中说："解造逡巡酒，能开顷刻花。有人能学我，同共看仙葩。"韩愈不相信侄孙一会能酿成美酒，一眨眼使树开花。韩湘遂撮土一盆，一会儿说："花已开矣。"拿开盆只见碧花两朵，叶间有两行小字，是一诗联："云横秦岭家何在，雪拥蓝关马不前。"韩愈对侄孙的本领大为惊异，只好听任韩湘离开自己，云游天下去了。据说后来不久，韩湘就得道成仙，位列八仙，就是韩湘子。

韩愈早年就听闻洪都滕王阁大名，对王勃的《滕王阁序》早就背得滚瓜烂熟，早就希望有朝一日可以登临上去。然而，韩愈和他的全家未能登上这江南第一阁，其中原因自始至终没有人知道。

很多学者认为韩滂到袁州后没多久就病死了，大概距韩愈离袁州回长安的时间不太长。我们可以想象一下：心爱的侄孙新死刚安葬了，哪有心思去游玩呢？

还有一件事也值得我们深思细究，就是王仲舒新修滕王阁后，韩愈又写了记，这个庆贺的日子是否也要韩愈到洪州去，而借此机会登临呢？

韩愈与王仲舒是好朋友，王仲舒既请他写记，又怎不请他参加这一庆成之游宴呢？这原因不会是因为公事，恐怕是与幼女和侄孙韩滂的死有关。

韩愈带着一家老少上了船，由洪州出发，经赣江、彭蠡湖抵达江州小住，再换船西行。途中他想起了自己的师友金部郎中萧存。

萧存的父亲萧颖士善古文，韩愈很小的时候就听闻他的名声，想跟着他学习。萧存又是韩愈大哥韩会的挚友，韩愈小时候即受萧存欣赏，成为他的师友。此次回京路过，韩愈便到萧存的住处看望他，他万没想到，萧存的家道已经败落，无以为继，女儿已经出家为尼。

韩愈在西林寺见到了萧存的女儿，并留下一些财物，以补贴其家。因感于世道之变，他写下了感人肺腑的七绝《游西林寺题萧二兄郎中旧堂》：

> 中郎有女能传业，伯道无儿可保家。
> 偶到匡山曾住处，几行衰泪落烟霞。

韩愈被调到潮州前夕，曾与李程在朝廷做官，两人政见不合，发生过口角，矛盾相当大。但是，韩愈以故旧无大错为由并不怨恨他，回京经过李程居官所在地的鄂州时，他释隙思旧，未到其地先写了《除官赴阙至江州寄鄂岳李大夫》诗：

> ……
> 别来已三岁，望望长迢递。

咫尺不相闻，平生哪可计？
我齿落且尽，君鬓白几何？
年皆过半百，来日苦无多。
少年乐新知，衰暮思故友。
譬如亲骨肉，宁免相可不？
我昔实愚蠢，不能降色辞，
子犯亦有言，臣犹自知之。
公其务贯过，我亦请改事。
桑榆倘可收，愿寄相思字。

过了鄂州，就到了安陆。安陆与随州离得很近，一天就可以到达。当时韩愈的一个老朋友周君巢在这儿做刺史，怎么可以逾驾而过呢，按理说，应该去见一下面。

于是他一口气写下两首诗以寄：《自袁州还京行次安陆先寄随州周员外》、《又寄周随州员外》。其中一首诗云：

陆孟丘杨久作尘，同时存者更谁人？
金丹别后知传得，乞取刀圭救病身。

周君巢名愿，与韩愈同为汴州董晋的幕僚，当时同在的还有陆长源、孟叔度、丘颖、杨凝等。贞元十五年（799年）二月，董晋去世，汴州发生了兵变，叛者杀了行军司马陆长源、支度营田判官孟叔度、观察支使丘颖，观察副使杨凝因朝政入京才免于遇难。

到了襄阳，韩愈应襄阳刺史李逢吉之邀，去赴宴，两人政见也是不合，但假途应邀也不能不赴。

离开襄阳没几天，韩愈来到商南的层峰驿。这不是一般的驿站，对韩愈来讲无疑是个伤心之地。其主要原因是因为自己被贬，从而连累幼女惨死，他恨的是达官显贵连一点仁慈之心都没有，小女儿本来就患病，父亲突然获罪被贬又被惊吓，这还不算，与韩愈有隙的当权者借机在大雪的寒冷天气里逼迫他们离京赶路，这么个小女孩，怎经得起这样的折磨，路上颠顿，又吃不饱，穿不暖，女儿就是这样被迫害而死，假如韩愈不获罪，自己的小女儿也不会死了。退一步说，假如不被逼迫离京，治疗得当，饮食合理，也还是有救的。

就这样，韩愈怀着沉痛的心情回到了京城。

第十九章　升任祭酒

元和十五年（820 年）九月，韩愈终于等到了自己的春天，这一年，他被任命为国子监祭酒，并被授予朝散大夫，赐紫金鱼袋。

祭酒就是国子监的校长，从三品，总揽国子监下属国子学、太学、四门学、弘文馆、律学、书学等七学的教务，对于一个家道中落的读书人韩愈来说，这无疑是一件值得高兴的事。

经过几十天的赶路，韩愈带着一家老小从袁州到达长安，走马上任国子监祭酒一职。此前，他曾任四门学助教、国子博士，如今升至祭酒，可谓又升了官。而且，他对国子监的工作一点儿都不陌生，因此很快就进入工作状态了。

韩愈在国子监只做了八个月的祭酒，然而办的事情却不少。其一，举贤荐能，谏言改革吏选。当年，韩愈为了参加吏部考试，苦苦在京城煎熬数年，铩羽而归，深受官场吏选的种种不良习气所害，对庸才当道深恶痛绝，甚至可以说是恨透了，因此，当韩愈执掌国子监时，很快就向吏部递交《国子监论新注学官牒》。

牒中大意是说："希望吏部委托国子监祭酒，选择有经艺、可训导的好学苗，来充当学官。近年来吏部所选，多因循论资排辈的做法，而不考其艺能，使得至今国子监的生徒不再刻苦自学。所以希望如果不是专通经传、博涉文史，并且是考中进士以五经等登科者，便不予考虑。对于新授之官，必须严格面试，然后委任，以彰显皇朝崇儒尚学之意。"对此，李翱称："其为国子祭酒也，奏儒生为学官，生徒多奔走听闻，皆曰：'韩公来为祭酒，国子监不寂寞矣。'"《皇甫持正好申道碑》亦云，此疏乃为祭酒时所论，亦为提出招生制度改革方案。这里首先要说一说唐朝国子监的招生历史。唐初的国子监基本沿袭以前的制度，然而规模发生了变化，特别是太宗贞观五年(631年)，增筑学舍千二百间，国学、太学、四门亦增生员，其书学、算学各置博士，凡三千三百六十员。而且，加上屯营、飞骑的博士所教学员，以及周边的无何、高丽、百济、新罗、高昌、吐蕃等诸国酋长，亦遣子弟请入国学，凡八千余人，国学之盛，古往今来，无人可比。此后，国子监学员便慢慢减少了很多。

太宗以前，西京国子监的六学一共可达二千二百一十人，其中国子生三百人，太学生五百人，四门生一千三百人，律学生五十人，书学生三十人，算学生二十人。除此之外，龙朔三年（663年)，东都置四门生三百员，俊士二百员；又置弘文馆于上台，生徒三十人；置崇文馆于东宫，生徒二十人。唐朝中后期，国子监的学员进一步减少，宪宗执政的元和年间，东、西两京生员加在一起才五百余人，其中西京国子生八十人，太学生七十人，四门生三百人；东京国子生十人，太学生十五人，四门生五十人，此外的书算学则更少。

穆宗做了皇帝后，国子监的生源也很少，韩愈做祭酒时，七馆学生共六百人。为什么生源会逐渐下降呢？

关于这些生源的来源，韩愈在《请复国子监生徒状》指出：“国子馆学生三百人，皆取文武三品以上，及国公子孙从三品以上曾孙补充；太学馆学生五百人，皆取五品以上，及郡县公子孙从三品以上曾孙补充；四门馆学生五百人，皆取七品以上，及侯伯子男子补充。”一般来讲，这些生源都是王公贵族的后人，可是他们却“耻游太学”，根本不把国子监当回事，这与吏部选拔考试的弊政紧密相连，因为他们认为国子监不是做官的主要途径，做官用不着靠自己的聪明才智，只用靠父辈或祖辈庇护走后门即可。与此相应，国子监的学员水平也岌岌可危，这一情况让韩愈深恶痛绝。他希望让没有家庭背景，但真正有才学的人到国子监来学习，朝廷应给予这些人生活补助。为了选拔优秀生源，韩愈建议，国子生的选拔标准不变，而太学生可由原来的“五品以上，及郡县公子孙从三品以上曾孙”，降至“八品以上子弟充”，特别是四门馆的生徒，可以“量许取无资荫而有才业人充”。韩愈所说的四门馆生徒是五百人，而依《唐六典》则为一千三百人，所差八百人为“以庶人之俊异者”，即寒门中的优秀者，也就是韩愈所倡导的“无资荫而有才业人充”者。正因为韩愈出身贫苦，因此他对寒门学子的求学体会非常深刻。为了给这些寒门学子一定的帮助，他倡导：“缘今年举期已近，伏请去上都五百里内，特许非时收补；其五百里外，且任乡贡，至来年春一时收补，其厨粮度支，先给二百七十四人。今请准新补人数量加支给。”而对于那些不参加国子监学习的公卿子孙，则建议礼部的选官考试不予接受，对于以行贿的方式冒名王孙之后者，要严肃处理。这就是韩愈《请复国子监生徒状》所写的主要内容，可以说，这一建议是关于国子监招生制度改革的重要措施。

韩愈在国子监中，非常善于选用人才。他曾上《举荐张籍册》，举荐张籍为国子博士，称其：“学有师法，文多古风，沉默静退，介然自守，声华行实，光映儒林。”张籍与韩愈不仅是老师也是好朋友，一生中与韩愈的交往非常深，经韩愈大力推荐，张籍被加以重用。又据李翱《韩公行状》记载，韩愈拜国子监祭酒，敢于说正言，而自己长相丑陋，学官中多豪族子弟，排挤他不让一起吃饭，韩愈与他共食，学官由此不敢轻视他。不难发现，韩愈在国子监非常有威望。

韩愈在踏踏实实任国子监祭酒的同时，也一直关注着时局的变化，在他的灵魂深处，有着强烈的爱国之心。穆宗刚做皇帝那会儿，文武百官都采取各种手段表忠心。长庆元年（821年）七月十八日，群臣上尊号曰“文武孝德皇帝”，韩愈也加入到了这一歌功颂德的行列，其上表曰《请上尊号表》：“臣得所管国子、太学、广文、四门及书、算、律等七馆学生沈周封等六百人状称：身虽贱微，然皆以选择得备学生，读六艺之文，修先王之道，粗有知识，皆由上恩。”其上表的时间是在穆宗嗣位的一年以后，而在群臣上尊号之后的第八天，韩愈便转职升迁，说明朝廷还是很重视他的。

长庆元年（821 年）七月，韩愈转任兵部侍郎。此时镇州驻军暴动，成德（今河北正定县）守军将领王庭凑反叛，朝廷派兵前去围剿，屡屡失利，乱军气焰嚣张。朝廷无奈，只好在次年二月为王庭凑加官晋爵，妥协求和。

皇上下了诏书，却无人敢去传旨——王庭凑凶狠残暴，谁去都有被杀的可能。

“众卿，谁愿负此重任？”唐穆宗问。

大殿里一片沉默。谁都清楚，同这些叛军打交道可不是闹着玩的。

“难道无人替朕分忧吗？”

话音刚落，韩愈站了起来：“臣愿去镇州。”

“你去后见机行事，不一定要进王庭凑的军营。”唐穆宗关心他的安危，劝他道。

“臣既然要去，岂能只顾个人得失而观望不前呢？”韩愈斩钉截铁地回答。

韩愈单人单骑，堂堂正正进了王庭凑的大营。面对刀枪剑戟，韩愈毫不畏惧，昂首挺胸，宣读诏书。

一向狂傲的王庭凑，面对韩愈的大无畏气概，竟对韩愈有所敬畏。他向韩愈请教古今兴亡之事，韩愈博古通今，便想用这个机会教育他，遂以安禄山、史思明、吴元济等藩镇叛乱被剿之事，讲明利害得失，晓明做人之大义。

王庭凑一听，才想起韩愈曾是平定淮西叛军的大臣，愈加佩服，又听韩愈当场宣布不再追究他的罪行，更是心悦诚服，就说：“我愿服从您的命令！”

韩愈单骑入镇州“勇夺三军之帅”的壮举，堪与关羽“单刀赴会”相媲美。从某种程度上说，韩愈能文能武，在多个领域都取得了成就。

第二十章 京兆之争

由于韩愈平叛有功，长庆二年（822年）九月三日，韩愈被调为吏部侍郎，长庆三年（823年）六月为京兆尹，十月五日复为兵部侍郎，二十日又复拜吏部侍郎。这样频频改官，与当时的政治形势密切相关，朝廷的政治斗争致使韩愈在官场中起起伏伏，台府之争就是在这样的环境下发生的。

在台府之争之前的这段时间里，在韩愈的生活中，除了一般的人情交往、诗文往来之外，主要做了两件事：一是他直接参与了“盐法之变”的论争，二是噪名诗坛的盛山十二诗唱和。“盐法之变”发生在长庆二年（822年），据《旧唐书·穆宗纪》等文献记载，是年三月，鸿胪卿、判度支张平叔为户部侍郎。张平叔为讨好皇上，上疏请官自卖盐，这样做可以获得丰厚的利润，富国强兵。他请皇上下诏，将所有盐就地卖掉。

为了此令得以执行，他请皇上降旨让宰相兼任盐铁使，并以地方出售盐的多少来考核刺史、县令的政绩。规定按地方实有户口，给一年盐，以使地方四季能向国库输交盐钱。还规定，实行此策后，富商大贾或行贿者，截流闹事，为首者皆杖杀，连状的人皆杖脊。所言利害共十八条，朝廷将此疏下发，诏令公卿详议。

中书舍人韦处厚反对官员自卖盐，他指出：宰相身处论道之地，是管理国家方略大事的重要职位，如杂以售盐事务，必非所宜。况且，已有窦参、皇甫铸皆以钱谷为相，名利难兼，将终蹈祸败的教训。张平叔又以重法禁人喧诉，强人难禁，事必不立，禁之不能而人之所必犯，此法必行不通。当时韩愈从镇州回京后，见此疏与皇上敕旨，经过深思熟虑，上了《论变盐法事宜状》，以十三篇长篇宏文，一一驳论了张平叔食盐官卖的主张。

韩愈认为：黎民百姓都是穷人，买盐，都是用杂物兑换。盐商卖盐只收现钱，或赊或贷，日后可以杂物慢慢偿还，采用这种方法，百姓可以把闲置不用的杂物等换取日常必需的盐，商人可以拿这些杂物卖成更多的钱，农商两得其便。

如让官吏坐在店铺里自卖，没有现钱肯定不愿意。这样做的结果是，一贫如洗的百姓没法得到盐，自然官府也无法上交盐赋之钱，长此以往，怎么会得利呢？

假如让官吏把盐弄到乡村百姓中去卖，必然会以官府的名义勒索百姓，供吃供喝，要这索那，骚扰极多，刺史、县令是替皇上为百姓办事的，怎么可以只从卖盐得利的多少这一件事去考核政绩，决定他们的升降赏罚呢？

韩愈深思熟虑后，深有所感地说：穷苦人家吃盐很少，或有旬月淡食的，若按户给盐，按时要钱，百姓无钱，官吏怕收不上钱而获罪，必用威刑逼迫穷苦百姓，使百姓不得安宁，这一点是官自卖盐最大的危害，万不可以不细细商议。

不难发现，韩愈几次下迁，了解老百姓的疾苦，他考虑问题的出发点，是真真切切为老百姓考虑的。

韩愈写有《韦侍讲盛山十二诗序》，此序是韩愈应韦处厚之邀而写的。韦处厚字德载，京兆万年人。

这个时候，有两件影响韩愈命运走向的事情发生了，当时，牛僧孺与李德裕两人都有可能做宰相，但由于牛僧孺深得穆宗的信任，不久就做了宰相。

牛僧孺入相之后，李德裕认为是宰相李逢吉找来牛僧孺一起排挤自己，于是牛、李二人结怨更深，党争的端倪已经出现。第二件事情就是李逢吉弄权，加剧了朝政之争的复杂化。先是因裴度平淮西后成为维系朝政安危的重臣，颇有时望；元稹虽新进，因诗文知名内宫，极承穆宗恩顾，于二三月拜相。元稹入相，朝野无不轻笑，裴度亦轻视元稹。

当时为兵部尚书的李逢吉利用裴、元之间的矛盾，让李赏诬告元稹曾派刺客刺杀裴度。这个事情虽然没有证据，但两人矛盾颇深，互相攻讦，结果两败俱伤，元稹和裴度双双罢相，在两人罢相的当天，由李逢吉拜相。

在这个时期，因韩愈宣谕镇州后深得穆宗的信任，也曾有拜韩愈为相的打算。李逢吉为了阻止韩愈拜相，急忙让李绅入相，于是一手制造了“台府之争”。

我们可通过韩愈与李绅当时的情况来看此次事件：李绅中进士后，得到了韩愈的举荐，韩愈把李绅当作后生来看待。李绅为人骄傲，十分不尊重韩愈，不过，两个人之间倒也没什么特别大的矛盾和冲突。

李逢吉为达到个人目的，利用韩愈的耿直和李绅的骄傲性格，落井下石，浑水摸鱼，最终酿成了这场斗争，最后使韩愈和李绅皆不能入朝为相，韩愈转任京兆尹。

对韩愈来说，做京兆尹并不算升职，实际上，他之所以做了京兆尹，一是因为京兆这块地方在天子脚下，禁军、中人目无王法，欺压百姓，豪门子弟更是贪赃枉法，闹得京城鸡犬不宁，二是当时的京兆尹又是一个软弱的人，难以治理京城，所以朝廷才让韩愈这位德高望重的老臣去做了京兆尹。

如此安排，对李逢吉这位权相来说，可谓一箭双雕，既可以使长安得治，又可以限制韩愈和李绅，造成韩愈和李绅之争的客观事实。

对于做京兆尹，这并不是韩愈所乐意的，韩愈在《京尹不台参答友人书》中也讲了这件事：

台参实奏云：容桂观察使带中丞尚不台参，京尹郡国之首，所管神州赤县，官带大夫，岂得却不如，事须台参？圣恩以为然，便令宣与李绅不用。

既然已有圣旨，双方的斗争就应该告一段落了。但是，出人意料的是李绅坚决不让步，韩愈只得倚旨而据理以辩，你来我往，在朝堂之上争论不休，在朝臣中也引起了不同的反响。

使矛盾激化的是李绅，某次，他倚仗自己的权势，把一个不明不白的囚犯押送到韩愈的京兆府，借韩愈的法杖惩罚犯人。

拘囚审案本是地方官的事，李绅虽官至御史中丞，却不可代庖。他这样做不仅是以其职压韩愈，更主要的是要使作为京兆尹的韩愈难堪。

以韩愈刚直不阿之性，哪能受李绅的窝囊气？他根本不吃这一套，把送来的囚犯归还给李绅。双方斗来斗去的结果，就是双双降职，最后以“台府不和”的理由，将李绅罢为江西观察使，韩愈复为兵部侍郎。

韩愈做京兆尹，虽然是一个政治阴谋，但韩愈在做京兆尹的任上，确实没有令大家失望。他刚刚上任，很快便使一塌糊涂的社会秩序得以稳定，震慑了那些亡命之徒。

正如李翱在《韩公行状》里所说的：

政京兆尹、兼御史大夫，特诏不就御史台谒，后不得引为例。六军将士皆不敢犯，私相告曰："是尚欲烧佛骨者，安可忤。"故盗贼止。遇旱，米价不敢上。

第二十一章　胸怀天下

韩愈一生多次遭到罢官和贬官，仕途充满了无限的悲惨和辛劳。可是韩愈却没把这些折磨当回事，他胸怀大志，以天下为己任，以复兴儒学振兴国家为使命，这就注定了韩愈要终其一生，为国家和社稷而活。

韩愈的忧患思想尽人皆知，其主要表现在对国家生死存亡的担忧上。随着藩镇割据越来越严重，宦官专权已经到了不可收拾的地步，朝廷越来越无能，可是由于君主、宦官、朝臣等的百般迫害，国家经济一塌糊涂，国力逐渐衰退，百姓更是生活在水深火热之中，农民起义此起彼伏。

国家面临着灭亡的危险，盛唐的鼎盛时期已成了永远的回忆。韩愈亲身经历了“安史之乱”后国家由盛而衰的历史过程，亲身经历了藩镇间的混战，对国家的忧患意识也越来越深重了。正是受这种忧患意识的指引，韩愈总是在国家最需要他的时候力挽狂澜，置生死于度外。

实际上，韩愈的忧患思想还表现在对文化的忧患上。由于藩镇割据，朝廷对藩镇一味妥协，使得胡人越来越嚣张，胡人文化渐渐潜移了汉族文化。除此之外，从印度传来的佛教慢慢在唐朝流行起来，特别是到了中唐以后，逐渐在中国占统治地位，在思想观念上对儒家正统地位形成冲击。

儒家文化正面临着双重的夹击，有被覆灭的危险，韩愈对此十分担忧。因此，韩愈在倡导古文运动、复兴儒学时分外努力，他摇旗呐喊，积极抵制外来文化，很多人都积极响应，很快形成了文化复兴的强大氛围，从而有力地制止了胡人文化和印度佛教等外来文化的冲击，巩固了中国传统儒家文化的根基，而且也保住了传统政治的最精华的一部分。

韩愈在“尊王攘夷”与文化复古运动上表现出来的忧患意识是超前的，文化复古运动对后来各朝代的政治与文化都有着异常深刻的影响。

在教育上，韩愈也表现出了强烈的忧患思想。当时师道逐渐衰落，弟子耻为弟子，老师耻为人师，社会上弥漫着一种腐朽无奈的气氛，教师文化地位迅速降低。

韩愈认为，为了振兴儒学，为了复兴唐室，必须振兴教育。于是他以强烈的使命感，写下了《师说》一文：

古之学者必有师。师者，所以传道授业解惑也。人非生而知之者，孰能无惑？惑而不从师，其为惑也，终不解矣。

生乎吾前，其闻道也固先乎吾，吾从而师之；生乎吾后，其闻道也亦先乎吾，吾从而师之。吾师道也，夫庸知其年之先后生于吾乎？是故无贵无贱，无长无少，道之所存，师之所存也。

嗟乎！师道之不传也久矣！欲人之无惑也难矣！古

之圣人，其出人也远矣，犹且从师而问焉；今之众人，其下圣人也亦远矣，而耻学于师。是故圣益圣，愚益愚。圣人之所以为圣，愚人之所以为愚，其皆出于此乎？爱其子，择师而教之，于其身也，则耻师焉，惑矣。彼童子之师，授之书而习其句读者，非吾所谓传其道解其惑者也。句读之不知，惑之不解，或师焉，或不焉，小学而大遗，吾未见其明也。

巫医乐师百工之人，不耻相师。士大夫之族，曰师曰弟子云者，则群聚而笑之。问之，则曰："彼与彼年相若也，道相似也，位卑则足羞，官盛则近谀。"呜呼！师道之不复可知矣。巫医乐师百工之人，君子不齿，今其智乃反不能及，其可怪也欤！

圣人无常师。孔子师郯子、苌弘、师襄、老聃。郯子之徒，其贤不及孔子。孔子曰：三人行，则必有我师。是故弟子不必不如师，师不必贤于弟子，闻道有先后，术业有专攻，如是而已。

李氏子蟠，年十七，好古文，六艺经传皆通习之，不拘于时，学于余。余嘉其能行古道，作师说以贻之。

他对当时人们在教育与求学上的种种不良表现及心态进行了大胆的批评，同时勉励人们积极学习文化知识。这对于改变当时流行的不学无术的社会风气是非常有利的。

韩愈不但写《师说》一文，而且还亲自实践，甘当学子的老师，他在不同的地方，亲自讲学，招了很多徒弟，并拿出自己的俸禄来兴办学校，积极发展教育事业。

在忧患的同时，韩愈也表现出了一定的忧生意识。

比如韩愈某次从长安返回洛阳，途经华阴县，见天色已晚，便投宿于华山脚下。他想一探华山之险，便向店家打探："店家，这华山果真有那么险吗？"

"天下之山，再没有比华山更险的了！"店主一撇嘴说，"客官连这个都不信？不信就自己上去试试！"韩愈是个犟脾气，便答道："试试就试试，明天上去看看！"

次日清晨，韩愈登山。

韩愈没有经验，也不请向导，独自攀登起来。登上一个峰头四望，只见华山层峦叠嶂，苍松青绿，岩石洁白，壁立千仞，山谷深深，好似仙境一般，于是游兴大增，不知不觉间便爬到了苍龙岭的顶端。

这苍龙岭因岭色青黑、形似游龙而得名，中间高，两边低，登山好像骑龙背。韩愈站在"龙背"上，往上一看，天际茫茫，分不清哪是雾哪是云；往下一看，万丈深渊，掉下去定会粉身碎骨。上山容易下山难，韩愈想下山，却无路可走，唐时的华山不像如今这样凿石为阶，设有护栏，而只在“龙脊”上粗凿了几个石窝而已。游人至此，往上爬尚可，往下走时，石窝浅浅，又很滑溜，手脚并用，也很容易滑下去！

恰在这时，山风又起，韩愈脚下打滑，身上出汗，腿软脚颤，眼看就要掉下去了，韩愈不由得放声悲叹：“难道我韩愈就要葬身于这华山了?”

可韩愈毕竟是韩愈，他灵机一动，忽想起应把所带书籍扔下去，以减轻重量。扔书之前，又想起应写上求救的内容，谁见了还可来救援，于是就写了求救书，轻轻投向崖下。他担心自己会死，连遗书的内容都写上去了。

话说华阴县令正在山下一道观上香，听说京城里来的大官被困在山上了，赶紧派山民前来救助。为了不让韩愈往下看，山民们用酒把韩愈灌醉，把他抬下山来。从此，华山便有了“韩愈投书处”的传说，游人到此，必谈此事。

当然，忧生者不一定忧世，忧世者往往免不了忧生。“一年明月今宵多，人生由命非由他，有酒不饮奈明何?”对生命的忧患是这样的无奈和悲凉，是这样的叹息和悲愤。可是韩愈的忧生显然并不是单纯的忧伤，而是与忧世紧密地联系在一起，与自己的理想结合在一起的。

不管是对历史文化的忧患还是对社会的忧患，或者是对个人的忧患，韩愈都不是为了一己私利，而是为了整个社会，整个民族，整个国家。

第二十二章　崇尚节俭

作为文坛的一代宗师，韩愈的生活非常简朴，从不过分追求物质享受，在生活中，更是严格要求自己。这一点和其他官员明显不同。

在韩愈看来，只要能够平平安安地生活就可以了，和过舒适的生活相比，他更追求自己的理想与抱负。

韩愈曾在《与卫中行书》中叙说自己在徐州的日子：

比之前时，丰约百倍。足下视吾饮食衣服亦有异乎？然则仆之心或不为此汲汲也。其所不忘于仕进者，亦将小行乎其志耳。

这种生活的心态使韩愈不去追求钱财的多寡，而宁愿拿出一二十万钱去资助学生或捐款兴学。还有一点要说的是，韩愈很看不惯达官显贵的生活方式，对学官中的“豪家子”和长安的“众富儿”都表示过自己的深恶痛绝，对努力学习的宗室子弟则予以大张旗鼓的奖励。这种生活态度甚至影响了他的交友，韩愈最好的朋友都是一些才华出众、家庭贫苦的人。

当时官员的家庭结构不仅包括夫妻、子女，而且还包括前来投靠的亲戚。唐代妇女在丈夫死后回娘家是一种比较普遍的现象。妇女回娘家住，常常还要带着孩子，这样就使娘家人的负担越来越大。再加上当时似乎有个惯例，亲戚投奔拿俸禄的官员，或者说拿俸禄的官员养活前来投靠的亲戚，是理所当然的事情，于是家庭成员越来越多，随之而来的负担也越来越大了。

韩愈做官之后，特别是他在仕途的道路上越走越顺的时候，养活了很多前来投奔的亲戚朋友，这种客观因素也使他在本来就并不富足的生活中丝毫不敢奢侈浪费。

在当时，在大城市里租房子住，已成为非常普遍的社会现象。这一现象的出现，一是由于举子、官员、客商等人流动频繁，再则是由于租房便宜而买房贵。

为官清廉的韩愈，以不高的收入水平要养活一大家人口，没有经济实力买房子，也就在情理之中了。

除了在京、都二处之外，韩愈在汴州、徐州做从事，以及在阳山为县令，在江陵为判司，基本上都是住在公馆里面。

我们在前面说过，韩愈在四十六岁之后，生活已经有了明显的好转。又过了好几年，到四十九岁的时候，韩愈终于买了房，并为这套房子而骄傲不已。除靖安里的住宅外，韩愈用余下的俸禄在城南购置了一套别墅，即诗文中多次提到的“城南庄”。

在唐后期，官员只要经济上有能力，大多在城里买一片宅子，在城南置庄。比如御史中丞崔宽“家富于财，有别墅在皇城之南，池馆台榭，当时第一”。

韩愈的城南庄没有那么好，大约也是因为他在官场中沉浮不定的生活，使他想找一处世外桃源，好躲避一下世俗的纷纷扰扰罢了，因此他的庄园并不像别的官员那么奢侈。韩愈对建造园林兴趣不高，虽然当时达官显贵都有了玩石的风气，然而，韩愈显然没有雅兴和财力去玩那些奇珍异石。

韩愈在城南置庄，主要是“但恐烦里间，时有缓急投”，方便在城南庄中放松自己的心扉。同时他也想参加当地的“社”，和邻里一起消闲。这正是“愿为同社人，鸡豚燕春秋”，所谓“麦苗含穗桑生葚，共向田头乐社神”，都反映了他追求的这种田园心态。从中不难发现“社”这一组织在唐代北方地区事实上已经非常普遍了，并在时人的生活中起着不可替代的作用。

做了官以后，韩愈依旧骑马，不过由于经济状况没有彻底改变，他的马一般是弱马，一到雨雪天气，那匹马就不敢出门了。

韩愈的性格是提倡节俭的，因为他从小生活贫困，深知“一粥一饭，当思来之不易”。消费本身不仅是个人生活之事，而且关联着人的梦想和理智。因为奢逸不但使人变得越来越充满惰性，失去奋斗的雄心壮志，还会使人变得越来越私利，为所欲为，带来思想的庸俗化。因此，韩愈提倡简朴生活，已经不是一种节俭的习惯，而是一种文人的理想追求了。

第二十三章　以文会友

我国历史上的文人名士，特别重视游历，对于饱读诗书的韩愈来说也不例外。他一方面倡导古文运动，希望将他的思想和文章传播给好友，另一方面，韩愈的才学和他在文坛的地位，也使得当时的文人都希望和他做朋友。这种彼此的信任与倾慕，使韩愈结识了很多挚友，他们相互协助，不离不弃，终生为友，为后代文人做出了表率。

韩愈的一生做过很多官职，从早年的两迁幕府，到后来的国子监任教，以及数次外贬和两京的屡次迁转，既有升迁的绝好机会，也有贬谪的凄凉与无奈。

作为一名忠君爱国的大臣，在朝廷的沉浮中，他努力把握着人生的方向，坚持着自己的理想。与此同时，作为一个饱读诗书的文人，在每一个职位上，他都十分重视与同僚的关系，因此朋友很多，也因为性格的爽直和官场的复杂，得罪了很多达官显贵。

提到韩愈与同僚的友谊，最为有名的历史公案，就是韩愈和柳宗元、刘禹锡的关系。韩、柳同为唐宋八大家和古文运动的倡导者，刘禹锡的文名也是千古流传，因此这种特殊的关系，备受后人的重视。

柳宗元，字子厚，河东（今山西永济）人；刘禹锡，字梦得，洛阳人。韩、柳两家为世交，韩愈的哥哥韩会与柳宗元的父亲柳镇是朋友。从辈分来看，韩愈要长柳宗元一辈，然而他只比柳宗元大五岁。

柳宗元和刘禹锡同为贞元九年（793 年）进士，他们两人的关系可以说是经历过困难磨砺的。而韩愈同他们之间的关系则不是这样的，大约在十多年前，韩愈在京城应试时，便与比他年轻一些的这两个人认识了，因为弘扬古文、改造骈文的共同文学主张，他们自然惺惺相惜，相见恨晚。

此后他们的友谊进一步增进，贞元十九年（803 年）春，文畅法师托柳宗元让韩愈作《送浮屠文畅师序》，贞元十九年（803 年）秋冬之际，韩愈四门博士两年期满，迁监察御史。

与此同时，刘禹锡由渭南主簿迁任监察御史，柳宗元也由蓝田尉改任监察御史里行。刘、韩二人级别一样，而柳宗元所任的里行，相当于助理一职，同监察御史相比，只是俸禄有差，而所做的工作则是相同的。

据刘禹锡《祭韩吏部文》回忆，当年他们相识的时候，韩愈给人的印象是“聪明勇奋”，他们经常就某一问题展开辩论，“子长在笔，予长在论”，双方你来我往，直至茅塞顿开方罢休。有时争得面红耳赤，柳宗元则从中调解：“窜言其间。”这一辩论的场景，有可能就发生在他们同任监察御史的时候。同样，韩、柳之间同样也有过激烈的争论。他们之间的这种争论，虽说各有各的理，可是毕竟是以文会友，并没有上升到人格攻击的地步。

贞元十九年（803 年），长安地区发生了数年不遇的灾荒，饿殍遍地，科举废弛。韩愈愤而上《御史台上论天旱人饥状》，因此惹怒权贵，被赶出京城。

关于这次被贬的原因，韩愈后来在《赴江陵途中寄赠王二十补阙李十一拾遗李二十六员外翰林三学士》中谈到："同官尽才俊，偏善柳与刘。或虑语言泻，传之落冤仇。"

这里明显地指出，在任监察御史期间，韩愈同柳宗元和刘禹锡过从密切，但阳山被贬可能与二人的泄密有关。

通常来说，柳、刘两人是王叔文集团的成员，后来永贞革新失败，两人被贬便是最好的证明。上文的"或虑语言泻，传之落冤仇"，说的是有人认为柳、刘两人将韩愈对王叔文等人的不满泄密，从而造成韩愈受到牵连。这既是当时的一种传言，也是韩愈本身的一种怀疑，很多年过去后，韩愈一直难以忘怀。

永贞元年（805 年），韩愈从阳山出发，赶去郴州，赴江陵判司任职。途中经过洛阳，受到了岳阳刺史窦庠的款待，刘禹锡当时恰好也在场。

这个时候的刘禹锡和柳宗元，因为"二王八司马事件"都受到了牵连，刘禹锡被贬的是连州刺史。喝酒吃饭间，韩愈作《岳阳楼别窦司直》，其中有一句是“爱才不择行，触事得谗谤”，好像依旧在影射御史台被贬一事，故意说给刘禹锡听的。

刘禹锡和诗称“伊余负微尚，夙昔惭知己”，大概就是表达自己的抱歉和愧疚的。但是，刘诗后面所吟还有：

故人南台旧，一别如弦矢。
今朝会荆峦，斗酒相宴喜。
为余出新什，笑忭随伸纸。
晔若观五色，欢然臻四美。

可见他还是以大局为重，希望能够融洽双方之间的关系。

离开洛阳之后，韩愈作《永贞行》，对于柳、刘二人的被贬深表同情，把症结归咎到王叔文、王伾的“二王”身上。

他在诗中称：

四门肃穆贤俊登，数君匪亲岂其朋？
郎官清要为世称，荒郡迫野嗟可矜。

诗中，韩愈对两人的评价还是很高的。柳宗元被贬永州期间，作《天说》，刘禹锡作《天论》三篇，两人就韩愈的天道观，与他展开了激烈的辩论。

元和五年（810 年），韩愈和柳宗元多次通信，并就佛道展开辩论。柳宗元是推崇佛教的，而韩愈则是名副其实的反对派，其笔锋相交可想而知。

柳宗元称："儒者韩退之与余善，尝病余嗜浮图言，訾余与浮图游。"又如，柳宗元在《僧浩初序》中记载："近陇西李生础自东都来，退之又寓书罪余。"但是，在激烈的辩论之际，韩愈依旧关心柳宗元的前途，希望他不要着急，耐心等待机会复出。

元和八年（813 年），韩愈做了考试郎中，兼史馆编修，并参与修撰《顾宗实录》。在此期间，由于史官的职责问题，他和柳宗元又发生了一些不愉快的事情。

矛盾的关键是韩愈所写的《答刘秀才论史书》，柳宗元在贬所看到此文后，给韩愈写了一封信，这封信即《与韩愈论史官书》。

柳宗元在信中指明，韩愈该文"与退之往年言史事甚大谬"，又称自己"私心甚不喜"，毫无遮拦地提出了深刻的批评。韩愈则有理有据地与其进行了辩论，没过多长时间，柳宗元又有《与史官韩愈致〈段秀实太尉逸事状〉》，认为韩愈"诚中吾病"，承认了自己认识上的缺陷。两人的书信辩论开诚布公，都没有什么私心，对事不对人，依靠交流达成了和解，逐渐恢复了以往深厚的友情。

元和十年（815 年），柳、刘两人再次遭到达官显贵的驱逐，原定刘禹锡贬到播州任刺史，柳宗元贬到柳州做刺史，可是由于播州远在今贵州遵义，刘禹锡老母年事已高，柳宗元欲将贬地相易。后来，宰相裴度替二人在皇帝面前求情，才使刘禹锡改贬连州刺史。

此事可见柳、刘两人情感的深厚基础，而韩愈的政治立场和思想观点以及文学见解，与他们有很多的不同之处。

元和十三年（818 年），发生了著名的淮西碑事件，韩愈撰写的《平淮西碑》被推倒重写，碑文由段文昌亲自撰写，在对两人的文化成就上，刘禹锡不喜欢韩愈所擅长的古文，而特别钟情于段氏所写的骈文，称段文“别自一家之美”。

与此同时，柳宗元对韩愈的《平淮西碑》也有很多意见，传说，刘禹锡征引柳宗元的话称：“柳八驳韩十八《平淮西碑》云‘左餐右粥’，何如我《平淮西雅》云‘仰父俯子’？”不难发现，韩愈与柳、刘两人的确有很多意见不合的地方，但是文化意识上的差异化并没有影响他们作为一代文学宗师的友谊和惺惺相惜之情。

第二十四章　病逝长安

长庆二年（822年）九月，韩愈在兵部侍郎任上没多久又改为吏部侍郎，之后又在京兆尹任上干了短短四个月。在任职期间，他为官清廉，刚正不阿，可惜的是抱负还没有实现，便被罢官了。

遭受这样的打击，年迈的韩愈更加衰老了，他写了一首诗来悲叹自己的命运：

台阁多官员，无地寄一足。
我虽官在朝，气势日局缩。

虽然是朝廷命官，却被安排在可有可无的职位上，这让韩愈感到心灰意冷。这段日子，他写了《祭竹林神文》、《曲江祭龙文》、《贺雨表》、《贺太阳不亏状》、《请迁玄宗庙议》等无关痛痒的文字，又为老户部尚书马总写了祭文。

马总在讨吴元济时与韩愈认识，军功卓著，在许多地方任过节度使，而如今马总却离开了人世，所以，韩愈为此感到悲痛。

韩愈的晚年，朋友相继离世。一起高举复古运动的文章大家柳宗元，也早在元和十四年（819年）病逝于柳州，死的时候还不到五十岁，一代文魂永远长眠在南方那山高水远的瘴疠之地。韩愈对柳宗元的去世感到无比的悲痛。从此以后，他的心情更加郁郁寡欢。

曾经文章谈吐锋芒毕露、豪气冲天，自命“五百年一遇之圣人”的韩愈，最后也在《八月十五夜赠张功曹》里，慨叹生命的无常：

纤云四卷天无河，清风吹空月舒波。
沙平水息声影绝，一杯相属君当歌。
君歌声酸辞且苦，不能听终泪如雨。
洞庭连天九疑高，蛟龙出没猩鼯号。
十生九死到官所，幽居默默如藏逃。
下床畏蛇食畏药，海气湿蛰熏腥臊。
昨者州前捶大鼓，嗣皇继圣登夔皋。
赦书一日行万里，罪从大辟皆除死。
迁者追回流者还，涤瑕荡垢清朝班。
州家申名使家抑，坎坷只得移荆蛮。
判司卑官不堪说，未免捶楚尘埃间。
同时辈流多上道，天路幽险难追攀。
君歌且休听我歌，我歌今与君殊科。
一年明月今宵多，人生由命非由他。
有酒不饮奈明何。

“纤云四卷天无河，清风吹空月舒波”，起句虽然读来酣畅，而结语却令人悲痛：“一年明月今宵多，人生由命非由他。有酒不饮奈明何。”这样一位疆场英雄竟然也如此多愁善感，感叹他晚年的孤苦无依。

长庆四年（824 年）十二月，韩愈在床上病故，终年五十六岁。高举文章复古大旗的一代文豪，突然离世，日月同悲，黎民百姓更难以忘怀。韩愈生前做官的地方，如阳山、潮州、袁州等地的老百姓，听到韩愈去世的消息，都痛哭流涕。有些地方的老百姓还为韩愈建了祠堂，怀念这位一生忠耿的清官为当地老百姓做的好事。

韩愈、柳宗元、刘禹锡、白居易四人，同为唐代文学巨匠。韩愈与刘、白、柳三人在文化上共同倡导复古运动，韩愈高举复古运动之大旗，而三人紧紧跟随，使古文得到复兴。

四人同为当时文章大家，而且都有着高尚的思想品质，韩愈与他们三人之间的情谊，是君子之交，无人可比。虽然韩愈与刘禹锡、柳宗元之间曾经矛盾不断，但随着岁月的流逝，这些小矛盾早已烟消云散了。

刘禹锡、白居易两位健在的大文豪，为韩愈在长安举行了简单的祭奠活动。白居易低沉而悲哀地说：昌黎一生致力于削藩，致力于国家富强，致力于文章复古运动，这丰功伟绩，无人可比。

刘禹锡对韩愈的文章是非常推崇的。他没有说话，当场执笔，写下了悼念韩愈的《祭韩吏部文》：

……贞元之中，帝鼓薰琴。奕奕金马，文章如林。君自幽谷，升于高岑。鸾凤一鸣，蜩螗革音。手持文柄，高视寰海。权衡低昂，瞻我所在。三十余年，声名塞天……

刘禹锡对韩愈的评价，应该说是最名副其实的了。宋代大文学家苏轼说："自东汉以来，道丧文弊，异端并起，历唐贞观、开元之盛，辅以房、杜、姚、宋而不能救。独韩文公起布衣，谈笑而麾之，天下靡然从公，复归于正，盖三百年于此矣。文起八代之衰，而道济天下之溺；忠犯人主之怒，而勇夺三军之帅：此岂非参天地，关盛衰，浩然而独存者乎？"笔墨间处处彰显着苏轼对韩愈的赞美，韩愈确实是一位难得的人才。

不难发现，韩愈的一生，从生到死，都对国家、民族和人民饱含着深刻的感情，也正因为他对国家与人民有这样至死不渝的高尚感情，他才能成为高举复古运动的一代文章大家，成为在中国历史上有着重要影响的文化巨人。

韩愈的一生非常短暂，颠沛流离、孤苦无依相伴相随，可正是这些艰难困苦，造就了他刚正不阿的品质，使他扛起复古运动的大旗，排除各种困难，为当时与后世诗文开启了一条大路。他在文化上的丰功伟绩，在唐代，除了李白、杜甫两位伟大的诗人之外，是没有人可以相比的。

综观韩愈短暂的一生，他所具有的强烈的报国之心，他的敢于为国为民而忠谏直言，耿直刚烈，不顾生死；他的敢于冒天下之大不韪，突破当时陈腐的教育观；他的敢于高举复古运动之大旗，成为“文起八代之衰”的一代文豪，能够完成这样的惊人壮举，这与他内心仰慕为国捐躯的英雄壮士之高节有关。

第二十五章　不朽政绩

韩愈是我国历史上成就巨大的著名文学家和政治家，他一生不仅在文学上取得了重要的成就，而且还在政治上取得了不凡的业绩。韩愈之所以能够在政治与文化两条道路上并行发展，源于韩愈的价值取向。

韩愈在政治取向上与司马迁、李白、杜甫等人有着本质的区别，虽然司马迁、李白、杜甫等人都希望进入官场，都希望在政治上做出一番事业，可是，当他们一旦遇到挫折，就自暴自弃，久而久之，也就放弃了自己的梦想。

可是，韩愈却跟他们不一样，韩愈是一个在政治上与文化上追求双重突破的人，儒家文化的影响，使他自始至终都不肯放弃在政治上有所作为的理想。

而复兴国家的使命使他认识到，必须从文化上着手来解决，通过提倡古文、复兴儒家学说，从而使国家富强。所以，韩愈要在政治上取得一番成就，必须首先担负起建设新文化的重任。与此同时，他还以自己对儒家文化的深刻理解来从事政治活动，企图为儒家文化在政治上树立一个成功的典范。

在韩愈的心中，政治与文化是紧密相连的，两者谁也离不开谁。这就决定了韩愈在政治与文化两条道路上一直执著地前行。

韩愈与李白等人的差异是，为了寻求在政治上的巨大成就，他具有极大的忍耐力，“忍”作为儒家文化所倡导的精髓深深地烙在他的心中。

孔子云：“小不忍则乱大谋。”孟子也说：“天将降大任于斯人也，必先苦其心志，劳其筋骨，饿其体肤，空乏其身，行拂乱其所为，所以动心忍性，增益其所不能。”他们都强调了“忍”的实际效果。

儒家文化强调“忍”，于是韩愈在官场上尽力地忍耐自己，除了必要的愤怒外，如反对皇上迎佛等，反对藩镇割据、宦官乱权等，其他事情如果不涉及国家利益，不涉及损害老百姓的利益，只是有损于自己的话，他一般都能忍受。因此，他没有像李白那样，闹出什么高力士脱靴、杨贵妃研墨之类的事情，也没有像陶渊明那样，为了不被小吏们使唤，就跑到偏远的乡下去归隐田园。

韩愈是实实在在地实践着儒家思想的人，他强调忍耐，在忍耐中与人交好，从而消除政治上的阻碍，使自己在政治上顺风顺水。这反映了韩愈在政治上的聪明，也反映了韩愈对儒家文化的品悟，在政治实践上的运用之熟练老到。

年迈的韩愈为了在政治与文化上都取得巨大的成就，在做了高官以后，他依旧铭记着复兴儒学之任，倡导复古运动。虽然多次遭到罢官与排挤，可是一直都不灰心丧气，自始至终都谋求在政治上取得进步。当他在朝廷之时，他在政治上与宦官英勇决斗，反对皇上的荒淫无道，反对达官显贵的贪赃枉法；当他到达被贬之地时，他不以己悲，为官一任，造福一方，给

当地的父老乡亲做了很多好事，深得当地百姓的好评；当他在军中时，他还是献计克城平定淮西的功臣，只身入虎穴说服军阀的英雄；为文化官员时，他还兴办教育，培养无数读书人，这些都是永久不灭的功绩。

在政治上获得成功的同时，他结合自己的政治阅历，结合当时的弊端，写了很多名篇佳作，并以这些伟大诗篇为基础，掀起了轰轰烈烈的古文复兴运动。

伟哉，韩公！人们会永远记住你的丰功伟绩！